Ohrringe sind unvergänglich

Ohrringe sind unvergänglich

ROLF B. THEURING

Ohrringe sind unvergänglich

Versuch der Deutung

eines uralten Schmuckbedürfnisses

Bibliografische Information der Deutschen Nationalbibliothek
Die Deutsche Nationalbibliothek verzeichnet diese Publikation in der Deutschen
Nationalbibliografie; detaillierte bibliografische Daten sind im Internet
über http://dnb.d-nb.de abrufbar.

© 2012 ROLF B. THEURING
Satz, Umschlaggestaltung, Herstellung und Verlag:
Books on Demand GmbH, Norderstedt
ISBN 978-3-8448-5335-3

Inhalt

Die Menschen schmücken sich seit uralten Zeiten. Heute weiß keiner mehr, wie das Schmuckbedürfnis entstanden ist. Doch die Tier- und Pflanzenwelt liefert uns mit ihrer Fülle von Farben und Erscheinungsformen das beste Beispiel dafür, wie man sich schmücken kann. Davon haben die Menschen abgeguckt. Sie wollen noch schöner erscheinen, als die Natur sie geschaffen hat.

Heute ist von Menschenhand gefertigter Schmuck selbstverständlich. Der Mensch hat dem Vorbild der Natur nachgeeifert.

Viele Generationen mussten vergehen, bis es klar war, dass das Schmuckbedürfnis des weiblichen Geschlechts stärker ist als das der Männer. Das äußert sich nicht nur in den schmückenden Elementen der Kleidung, sondern auch in der Vielfalt des unmittelbar am Körper getragenen Schmucks. Hierauf achten Frauen weit häufiger und sensibler als Männer. Ringe, Ketten und Bänder verschiedenster Art stehen bei ihnen in hoher Gunst. Alle diese Schmuckstücke werden gern getragen.

Vor mehreren tausend Jahren kamen die Menschen auf den Gedanken, ihre Ohren zu schmücken. Zuerst waren es nur einzelne, die dieses „Wagnis" unternahmen. Doch als sie sich vom Erfolg ihrer Bemühung überzeugt hatten, da haben auch andere nicht lange gezögert, Ohrringe zu tragen. Dieser Schmuck verbreitete sich nicht nur in einer einzigen Gegend. Was zunächst eine harmlose neue Erscheinung im Leben weniger Menschen war, wurde zum weltweiten Brauch.

Ohrringe sind etwas Besonderes. Sie heben sich von allen anderen Schmuckarten ab. Das kommt von der innigen Verbindung mit dem menschlichen Körper, die die Ohrringe eingehen, wenn sie das Ohr durchdringen.

1

Ohrringe trägt, wer Freude daran hat

Wenn von Ohrringen gesprochen wird, dann meint man, dass dies ein Schmuck für Frauen sei. Tatsächlich wird dieser Schmuck auf der ganzen Welt vorwiegend von Frauen getragen. Doch auch Männer haben schon immer für Ohrringe Interesse gezeigt. Heute sind die Männer als Träger von Ohrringen eine Minderheit. So fällt es nicht schwer, in den Ohrringen einen Schmuck zu sehen, der hauptsächlich zum Bild der Frau gehört.

Doch was bewegt eine Frau dazu, Ohrringe zu tragen? Es gibt hierfür eine ganze Reihe von Gründen, die von Person zu Person ein unterschiedliches Gewicht haben können. Eines steht fest: *Ohrringe sind Zierde, Merkmal, Brauchtum und Bekenntnis zugleich.*

In erster Linie sind sie natürlich wie jeder Schmuck für ihre Trägerin eine Zierde. Eine Frau, die an Ohrringen Freude hat, wird diesem Schmuck treu bleiben. Das ist ein ungeschriebenes Gesetz. Dabei spielt das erreichte Lebensalter einer Ohrringträgerin für ihr Verhältnis zu diesem Schmuck überhaupt keine Rolle. Jüngere wie ältere Frauen sind von ihm in gleicher Weise angetan.

Ein schmückendes Element der Kleidung
Die meisten Frauen, die Ohrringe tragen, haben zu diesem Schmuck ein besonderes Verhältnis. Sie fühlen sich von ihm angezogen. Das kann man im doppelten Sinn des Wortes verstehen.

Es geht nicht nur darum, dass Ohrringe die Blicke der Umgebung auf sich ziehen. Sie haben insbesondere für ihre Trägerin selbst etwas Attraktives, etwas Anziehendes. Sie haben für sie eine deutliche Anziehungskraft.

Andererseits gehört der Ohrring für viele Frauen so selbstverständlich zum Alltag wie die Kleidung. Er stellt sozusagen ein schmückendes Element ihrer Kleidung dar. Manche an das Tragen von Ohrringen gewöhnte Frauen sind überzeugt, ohne Ohrringe unvollständig bekleidet zu sein. Sie würden, so sagen sie, ohne diesen Schmuck nicht aus dem Hause gehen.

Man soll die Dinge freilich nüchtern betrachten. Ohrringe sind im Leben einer Frau nur eine Nebensache, gewiss eine nicht ganz gleichgültige Nebensache. Dieser Schmuck kann zu einer wichtigen Nebensache werden, genau wie die hohen Absätze an den Schuhen. Ohrringe können auf ihre Art Signale aussenden. Das sind unterschwellige Signale. An ihnen lassen sich persönlicher Geschmack und Augenmaß für eine gegebene Situation erkennen. Sogar erotische Signale sind nicht ausgeschlossen. Vor Übertreibungen bei der Benutzung solcher Signale sei allerdings gewarnt.

Ohrringe werden normalerweise als Paare getragen. Doch Abweichungen von dieser Praxis sind durchaus nicht ungewöhnlich. Sie beweisen Mut zum Experiment.

Wer gern Ohrringe trägt, wird gewiss bemerken, dass dieser Schmuck noch mehr gewinnen kann, wenn er mit anderen Elementen des Körperschmucks geschickt kombiniert wird. Das betrifft unter anderem auch die Kombinierbarkeit mit dem bei uns jetzt häufiger auftretenden Nasenschmuck.

Subtile Kritik und Kulturerbe

Was wäre der Ohrring, wenn er nicht auch seine Kritiker hätte. Es gibt Menschen, die Ohrschmuck generell ablehnen. Jeder soll dazu selbstverständlich seine eigene Meinung haben und auch äußern. Doch wer den Ohrring für so überflüssig hält, dass er ihn am liebsten ganz abgeschafft sehen möchte, wird mit einer solchen Idee gewiss überall auf Unverständnis stoßen.

Die Ohrringe haben bisher alle Epochen der Menschheit durchgestanden und überstanden. Um die Zukunft dieses Schmucks braucht man sich demnach keine Sorge zu machen. Ohrringe sind ein Kulturgut, das unausrottbare Wurzeln hat. Dafür gibt es Gründe, die tief in der Seele vieler Menschen und in der Menschheitsgeschichte zu suchen sind. Worin besteht die Faszination des Ohrschmucks? Warum begleitet er uns schon seit Jahrtausenden? Warum und wofür ist er vielleicht sogar unentbehrlich? Wir wollen nach Antworten suchen.

Ein ungewöhnlicher Schmuck

Die Formen und die Gestaltung der Ohrringe wären allein schon ein Grund, in ihnen einen ungewöhnlichen Schmuck zu sehen. Das wirklich Ungewöhnliche an ihnen sind jedoch einige Besonderheiten, die man bei den anderen Schmuckarten nicht antrifft.

Wohin der Schmuck am Ohr gehört

Für das Tragen von Ohrringen ist das Ohrläppchen der geeignete Platz. Hier wird der Ohrring so befestigt, dass er sichtbar getragen werden kann. Die Vielfalt der Formen des menschlichen Ohrs bringt es mit sich, dass das Ohrläppchen bzw. der untere Ohrrand sehr unterschiedlich geformt ist. Dennoch ist jedes Ohr geeignet, einen Ohrring zu tragen.

Damit das Ohr einen Ohrring tragen kann, muss das Ohrläppchen mit einem Loch versehen sein, in dem er befestigt wird. *Ohrringe werden in Ohrlöchern getragen.* Nur so können sie den ihnen zugedachten Zweck erfüllen. Diese Besonderheit führt meistens dazu, dass die Ohrringe nicht oft abgelegt werden.

Manche Frau hat sich auf einen bestimmten Ohrring oder auf einige wenige Ohrringtypen für den Alltag festgelegt. Das sind die Ohrringe, die ihr am liebsten und bequemsten sind und die sie ständig begleiten. Die Ohrringe sind für sie ein Merkmal, mit dem sie lebt und mit dem sie in der Öffentlichkeit erscheint. Wenn die Ohrringe mal herausgenommen werden, so fällt dies möglicherweise nicht gleich auf. Wenn aber nur einer der beiden Ohrringe fehlt, so wird dies vom Betrachter sogleich mit Aufmerksamkeit zur Kenntnis genommen. So beweist es die Praxis.

Beständige Tragbarkeit der Ohrringe

Es ist wohl der größte Vorzug der Ohrringe vor allen anderen Schmuckarten, dass sie ständig getragen werden können, ohne hinderlich zu sein. Auch sind einige Ohrringformen so gut wie nicht verlierbar. Man trägt sie nicht nur zu besonderen Gelegenheiten oder Anlässen. Die Liebhaberin von Ohrringen ist sich ziemlich sicher, welche ihrer Ohrringe in welcher Situation zur Frisur, zur Kleidung, ja überhaupt zum Erscheinungsbild ihrer Person passen. Sie hat auch ein Gespür dafür, wann sie auf bestimmte Ohrringe verzichten sollte. Für die Nacht werden größere Ohrringe ohnehin meist abgelegt. Kleinere bleiben meist im Ohr. Hier spielt die Gewöhnung eine gewisse Rolle.

Obwohl die Ohrringe normalerweise in beiden Ohrläppchen getragen werden, hat die Frisur oft die Möglichkeit, die eingesetzten Ohrringe deutlicher sichtbar oder auch unsichtbar zu machen. Wenn die Trägerin es will und das Haar es gestattet, so trägt sie es eben so, dass nur ein oder gar kein Ohrring zu sehen ist.

Das Temperament und der persönliche Geschmack der Trägerin spielen bei der Wahl der Ohrringe stets die entscheidende Rolle. Und über den Geschmack lässt sich bekanntlich nicht streiten.

Ohrringe werden nicht oft gewechselt. Dennoch hat der gelegentliche Wechsel des alltäglichen Ohrschmucks zur Folge, dass man im Kreis der Bekannten aufs Neue zu ihm hinschaut. So findet auch im maßvollen Wechsel jene zurückhaltende Beständigkeit ihren Ausdruck, mit der eine Frau ihre Ohrringe trägt.

Einen Ohrring, den man täglich trägt, spürt man selbst meistens nicht, auch nicht, wenn er pendelt. Davon kommt es aber leider, dass man den möglichen Verlust eines Ohrrings, wie selten dies auch geschehen mag, erst viel später, vielleicht sogar zu spät bemerkt.

Wie schwer darf ein Ohrring sein?
Die ständig getragenen Ohrringe zeichnen sich im allgemeinen dadurch aus, dass sie ein sehr geringes Gewicht haben. Dennoch wird manchmal die Frage gestellt, welchen Einfluss das Gewicht des Ohrrings auf seinen Tragekomfort hat. Diese Frage lässt sich nicht eindeutig beantworten. Wenn ein Ohrring nur für eine kürzere Zeit, sagen wir für ein paar Stunden getragen wird, so kann sich seine Trägerin wohl ein etwas größeres Gewicht des Ohrrings zutrauen als im Alltag. Eine andere Frage ist es, dass das Ohrläppchen der Trägerin aus unterschiedlichen Gründen mehr oder weniger belastbar sein kann. Auch kann das Pendeln schwererer Ohrringe spürbar sein, bevor man sich an sie gewöhnt hat.

Grundsätzlich darf ein Ohrring wegen seines Gewichts nicht lästig sein. Ein Ohrring hat das optimale Gewicht, wenn und solange er angenehm zu tragen ist. Das kann individuell ganz unterschiedlich sein.

Wenn man sich die Mühe macht, das Gewicht gebräuchlicher Ohrringe zu ermitteln, was kaum jemand tut, gelangt man zu ganz erstaunlichen Ergebnissen. So bringt es ein Paar kleine goldene Ohrstecker auf ein Gewicht von nicht einmal einem Gramm. Dieses geringe Gewicht ist überhaupt nicht spürbar. Wer aber in schwerere Ohrringe oder Ohrhänger verliebt ist, kann mit einem Gewicht von bis zu 12 Gramm oder sogar noch etwas mehr für das Paar rechnen. Die meisten hängenden Ohrringe haben als Paar ein Gewicht zwischen 2 und 6 Gramm.

Kann jeder Ohrringe tragen?

Natürlich kann jeder Ohrringe tragen, wenn er es möchte, Frauen wie Männer, Junge wie Alte. Wie wir wissen, widmen überwiegend die Frauen den Ohrringen ihre Aufmerksamkeit. Da dies schon seit ewigen Zeiten so ist, kann man wohl nicht von einer vergänglichen, kurzlebigen Erscheinung der Mode sprechen.

Es ist ein traditionelles Vorrecht der Frauen, Ohrringe zu tragen. Ohrringe haben etwas mit Ästhetik zu tun. Frauen sind für das Schöne empfänglich, mehr wohl als die meisten Männer. Frauen haben darüber hinaus eine ganz andere Art als Männer, Gefühle zu zeigen. Die Wahl des richtigen Ohrrings ist für die Frau deshalb nicht zuletzt eine Sache des Gefühls. So offenbaren Ohrringe vielleicht ein klein wenig vom weiblichen Wesen, wenn auch nur in unbestimmten Andeutungen. In vielen Fällen kann die persönliche Herkunft, ja auch der Wohlstand der Trägerin einen gewissen Einfluss auf das Tragen von Ohrringen haben. Häufig ist der Ohrring an eine Tradition gebunden.

Entscheidend dafür, ob eine Frau einen Ohrring trägt und welcher Ohrring es denn sein soll, ist immer, dass er ihr selbst gefällt. Er muss zu ihr „passen". Das zu bestimmen, was zu ihr passt, fällt ihr oft gar nicht so leicht. Und ihre Umgebung sieht das manchmal noch anders. Deshalb ist es mitunter auch wichtig, sich gut beraten zu lassen. Denn erst wenn sie den zu ihrer Person wirklich passenden Ohrring gefunden hat, wenn sie einen zu ihrem Typ passenden Ohrring trägt, wird sie wahre Freude daran empfinden.

Übrigens hat man früher das Tragen von Ohrringen auch mit ganz anderen als mit ästhetischen Gründen, nämlich mit gesundheitlichen Gründen motiviert.

Ohrringe mit Heilkraft?
In früherer Zeit hat man Ohrringe mitunter nicht nur getragen, um sich mit ihnen zu schmücken. Die Zierde stand da gleichbedeutend neben der Vorstellung, dass der Schmuck im Ohr die Sehkraft des Auges zu bewahren und zu verbessern und Augenleiden zu lindern vermag. Wer davon überzeugt war, dass eingezogene Ohrringe dies können, war mit dem Tragen von Ohrringen aus Edelmetall gut beraten. Man musste nur von ihrer Heilkraft überzeugt sein. Die Heilfähigkeit des aus Gold oder Silber bestehenden Ohrrings wird nun schon seit langem von der modernen Medizin ausgeschlossen. Tatsächlich gibt es keinen stichhaltigen Beweis für die Richtigkeit der Erkenntnisse der damaligen Volksmedizin.

Allerdings hat die moderne Medizin auch keine Einwände gegen das Tragen von Ohrringen, vorausgesetzt, dass diese aus Edelstahl oder

hochkarätigem Edelmetall bestehen und somit keine Hautallergie aus-
lösen oder verstärken können. Ärzte sind im Gegenteil geeignete An-
sprechpartner, wenn es um das Einsetzen von so genannten Erstohr-
ringen geht.

Bezeichnungen der Ohrringe
Die am meisten verbreitete Form des metallischen Ohrschmucks ist
ein Ring. Davon hat der Ohrring schließlich seinen Namen erhalten.
Und er hat ihn im deutschen Sprachraum an alle heute existierenden
Ohrringformen weiter gegeben. So kommt es, dass alles, was im Ohr
befestigt sein kann, als Ohrring bezeichnet wird. Dazu gehört viel
mehr als nur der eigentliche einfache Ring. Damit wäre die Konfusion
vorprogrammiert, wenn unsere Sprache nicht wortreich genug wäre,
um auch die verschiedenen Ohrringformen voneinander zu unterscheiden.

Es gibt drei Grundformen des eingezogenen Ohrschmucks. Diese
sind

• die runden Ohrringe (Kreolen),
• die Ohrhänger (Ohrgehänge) und
• die Ohrstecker.

Für die runden Ringe im Ohr wird jetzt meist die Bezeichnung Kreolen verwendet (auch Creolen geschrieben). So kann man sie von den
anderen Ohrringformen sprachlich klar unterscheiden.

Diese drei Grundformen des Ohrrings werden durch etliche von ihnen
abgeleitete Formen ergänzt. Obwohl diese sich merklich und zum
Teil sogar ganz erheblich voneinander unterscheiden, folgen sie doch
alle jeweils einem der vorgenannten Grundmuster. Auf diese Weise

findet sich eine ganze Familie der Ohrringe und ihrer Abkömmlinge zusammen. Aus ihr kann sich jede Frau diejenigen Modelle auswählen, die ihr zusagen. Dass das richtige Modell für jede dabei ist, kann garantiert werden. Somit ist zumindest sicher, dass eine jede unter der Vielzahl der Ohrringe das Paar findet, das sie tragen könnte, wenn sie es möchte.

Alle Ohrringe lassen sich von ihren Trägerinnen eigenhändig im Ohrläppchen befestigen und auch wieder abnehmen. Frauen, die darin geübt sind, nehmen für das Einhängen oder Einstecken der Ohrringe nicht mal einen Spiegel zu Hilfe. Sie tun das ohne hinzusehen, sozusagen nur mit ihrem Fingerspitzengefühl.

Gold und Silber – die beste Empfehlung

Für die Herstellung von Ohrschmuck werden viele Materialien verwendet. Sie können metallischer, mineralischer, organischer Herkunft wie auch künstlich hergestellt sein. Häufig werden Materialien unterschiedlicher Herkunft in einem Produkt verarbeitet. Bei aller Vielfalt der sich hieraus ergebenden Möglichkeiten wird heute fast immer Metall als Basismaterial verwendet. Metall ist das am besten geeignete Material, mit dem alle nichtmetallischen Bestandteile des Schmucks gefasst werden können. Da die meisten hierfür verwendeten Metalle relativ leicht bearbeitet werden können, werden sie nicht nur für die Herstellung des dekorativen Teils des Ohrrings, sondern insbesondere auch für dessen Befestigung im Ohr verwendet.

Die Wahl des Metalls bzw. des gewünschten Materials wird nicht nur durch die Vorstellungen hinsichtlich Gestaltung, Größe und Gewicht des Ohrrings bestimmt. Entscheidend ist letzten Endes auch der daraus resultierende Wert und der Preis des Schmucks. Unter den verwendeten

Metallen sind Gold und Silber die gebräuchlichsten. Eine Ausnahme hiervon machen in erster Linie die so genannten Erstohrringe, die meistens aus Edelstahl gefertigt sind. Die Preise der verwendeten Metalle weichen allerdings erheblich voneinander ab. So hochwertige Metalle wie zum Beispiel Platin, werden kaum verwendet. Beliebt sind darüber hinaus von Metall eingefasste Edelsteine, Halbedelsteine, Perlen, Korallen, Schildpatt, Bernstein oder Grandeln. Manchmal kommen auch sehr einfache Materialien zum Einsatz, bei denen der modische Effekt die größere Rolle spielt.

Hautverträglichkeit

Man sollte immer nur solche Ohrringe tragen, für deren Herstellung hochkarätiges (hochwertiges) Silber oder Gold verwendet wurde. Das betrifft in besonderem Maße den Draht und den Stift, die das Ohr durchdringen. Sie dürfen keine Beimengungen von Metallen enthalten, die der Gesundheit abträglich sein können. Auf diese Weise wird dem Auftreten von Hautunverträglichkeiten (Allergien) vorgebeugt, die vornehmlich durch im Metall vorhandene Beimengungen von Nickel verursacht werden können. Für den erstmals getragenen Ohrring wird, wie gesagt, meist Edelstahl eingesetzt, wie er auch in der Chirurgie verwendet wird.

Das für die Herstellung von Ohrringen verwendete Gold und Silber wird genau wie bei den anderen Schmuckarten üblich in verschiedenen Qualitäten angeboten. Man spricht vom so genannten Feingehalt des Goldes oder Silbers. Gemeint ist damit die Menge an reinem Gold oder Silber, die in der verwendeten Metalllegierung enthalten ist.

Der Feingehalt ist demnach der prozentuale Anteil des reinen Edelmetalls an der verwendeten Metalllegierung. Einen auf hundert Prozent festgelegten Feingehalt gibt es nicht. Aber es gibt verschiedene in der

Praxis gebräuchliche Grade des Feingehalts. Dieser Anteil wird nicht in Prozent, sondern in Promille gemessen. Die angenommene Zahl ist dreistellig. Sie soll in jedes zum Verkauf gelangende „edle" Schmuckstück eingeprägt sein. Ein anderes Maß für den Feingoldgehalt ist das Karat. Danach hat reines Gold einen Feingoldgehalt von 24 Karat.

Die bekanntesten Grade der Feinheit sind 333/1000 (8 Karat) und 585/1000 (14 Karat) bei Gold sowie 925/1000 bei Silber (Sterlingsilber). Es gibt aber auch noch andere in der Praxis geläufige Grade der Feinheit. Je höher der Feinheitsgrad des Edelmetalls ist, desto stärker wirkt sich dies natürlich auf den Preis aus. Dafür erhält man aber einen höheren Grad an Sicherheit, wenn auch keine absolute Sicherheit, dass man vor dem Entstehen einer Unverträglichkeit der Haut bewahrt bleibt.

2

Formen und Befestigung der Ohrringe

Seit es Ohrringe gibt, haben sich findige Köpfe darum bemüht, Formen und Befestigungen dieses Schmucks mit neuen Ideen zu bereichern.

Die ersten Ohrringe, die noch völlig ohne Metall auskommen mussten, sind nun schon lange Vergangenheit. An ihre Stelle sind moderne Formen getreten, die uns tagtäglich begegnen. Wir nehmen die Vielfalt ihrer Ausführungen kaum wahr.

Daneben gibt es seit alters her Ohrringformen, die bei uns wenig verbreitet sind, weil sie irgendwann als veraltet gelten, zu selten getragen werden oder ganz unüblich sind. Wir neigen leider dazu, sie gar nicht zur Kenntnis zu nehmen oder als exotisch abzutun.

Im Nachfolgenden wollen wir einen Blick auf die bei uns gebräuchlichen Formen der Ohrringe werfen. Dazu lenken wir die Aufmerksamkeit auch auf die dazu gehörigen Befestigungen, denn ohne sie geht es nicht.

Jeder Ohrring muss befestigt werden, denn niemand will einen verlieren. Die Befestigung besteht aus einem Draht oder Stift von etwa einem Millimeter Stärke, der durch das Ohrläppchen geführt wird. Er soll den Schmuck sicher mit dem Ohr verbinden, ohne dabei lästig zu sein. Für jede Ohrringform gibt es verschiedene Arten der Befestigung, unter denen die Trägerin in der Regel auswählen kann. Welche Wahl sie trifft, ist nicht immer ganz gleichgültig. Bei der Auswahl schaut man häufig nicht auf die Art der Befestigung. Doch man sollte es tun, auch wenn die Ohrringform natürlich das Hauptaugenmerk verdient.

Kreolen

Kreole ist die neuere Bezeichnung für die runde Form des Ohrrings. Man begegnet ihr auf Schritt und Tritt in reicher Vielfalt. In größerer Ausführung wird sie auch als *Ohrreif* bezeichnet. Die Bezeichnung *Kreole* hat sich für den runden Ohrring erst in letzter Zeit durchgesetzt. Sie lässt erkennen, dass dieser Schmuck in Lateinamerika schon vor langer Zeit sehr beliebt und verbreitet gewesen ist. Wie auch immer: der Name der Kreole hat dem Wirrwarr der Bezeichnungen der Ohrringe ein Ende bereitet. Jetzt wird der *runde* Ohrring als Kreole bezeichnet, während der übergeordnete Begriff Ohrring schlechthin für jeden eingezogenen Ohrschmuck verwendet wird, also auch für den Stecker und den Hänger.

Der heute als Kreole bezeichnete runde Ohrring ist auch die älteste Form der aus Metall hergestellten Ohrringe. Gestaltung, Größe und Gewicht sind (wie bei den meisten Ohrringen) so verschieden, dass eine ins Einzelne gehende Beschreibung seiner vielen Typen gar nicht möglich ist. Man findet Kreolen als einfache kleine oder große Ringe, als auffallend breite Ringe, aber auch als Ringe in ovaler, eckiger, durchbrochener, ziselierter, sogar gedrehter Form. Mitunter haben sie in ihrer unteren Hälfte auch ein stärkeres Profil als oben. Der Durchmesser der Kreolen liegt meist zwischen knapp 10 und etwa 80 Millimetern.

Die kleinen und die mittelgroßen Kreolen sind sehr beliebt und verbreitet. Auch größere schmale Ringe werden von jungen Frauen gern getragen. Große Kreolen können sich unter der Frisur kaum verbergen, bleiben also stets sichtbar. Doch für die Nacht müssen sie abgelegt werden. An kleineren Kreolen werden mitunter Anhänger befestigt, die als Einhänger bezeichnet werden. Das erweckt den Eindruck, als ob es sich um einen Ohrhänger handelt und die kleine Kreole nur als

Befestigung für den Anhänger oder Einhänger dient. Und tatsächlich handelt es sich hierbei um eine Art Übergangsform von der Kreole zum Ohrhänger.

Die Befestigung der Kreole, auch Verschluss genannt, kann aus Bügeln oder Stiften, aus Haken, Ösen oder Klemmen bestehen und ist immer so konstruiert, dass man bei ihrer Handhabung nichts falsch machen kann. Wir wollen deshalb auf die detaillierte Beschreibung der geläufigen Befestigungen der Kreolen verzichten.

Bei den Befestigungen der Kreolen gibt es natürlich gewisse Unterschiede hinsichtlich ihrer Sicherheit beim Tragen und der Verletzungsgefahr, wenn man mit ihnen grob nachlässig umgeht. Eine bemerkenswerte Neuerung sind so genannte Klappkreolen, die mit einem einfachen Stift für die Befestigung auskommen.

Die *Klappkreole* stellt eine Kombination von Kreole und Ohrstecker dar. Äußerlich ist sie der üblichen Kreole ähnlich. Doch sie unterscheidet sich von ihr in der Mechanik der Befestigung, insbesondere durch das Vorhandensein eines kleinen Scharniers in der Mitte des Ringes.

Die Klappkreole besteht aus zwei Ringhälften, die auf der Unter- oder Hinterseite durch ein kaum sichtbares Scharnier zusammengehalten werden. Statt eines Drahtbügels für die Befestigung im Ohr besitzt die Klappkreole – genau wie der Ohrstecker – einen Stift. Dieser wird nach Belieben von vorn oder von hinten durch das Ohrloch gesteckt. Der Stift hat bekanntlich keinen Haken und keine Krümmung. Das macht das Einsetzen recht komfortabel. Der Stift rastet beim Zusammenklappen der beiden Kreolenhälften in eine kleine Öffnung der anderen Kreolenhälfte ein und lässt sich auf die gleiche Weise auch wieder öffnen.

Klappkreolen sind sicher im Gebrauch. Man muss allerdings auf das richtige Einrasten des Stifts achten. Das wird durch ein leises, aber hörbares Klicken signalisiert. Die Befestigung im Ohr ist nach dem Verschließen für das bloße Auge so gut wie unsichtbar. Das ist für die Trägerin eine erfreuliche Lösung, denn man kann damit nicht an einem Kleidungsstück hängen bleiben. Die Klappkreole ist zu einem sehr beliebten Ohrring geworden.

Ohrhänger

Der Ohrhänger, der auch als *Ohrgehänge* und bei größeren Modellen als *Ohrpendel* bekannt ist, hat sich vermutlich aus einer kleineren Kreole entwickelt, die mit einem Anhänger versehen wurde. Aus dieser Kombination wurde eine eigenständige Ohrringform, eben der Ohrhänger. Die Kreole, an der der Anhänger befestigt ist, hat also über ihre Aufgabe als Schmuckring hinaus noch die Aufgabe übernommen, den Anhänger mit dem Ohr zu verbinden. Was früher nur ein kleiner Schmuckring war, ist heute die in etlichen Varianten vorhandene Befestigung (Brisur) des Ohrhängers.

Die Ohrhänger erfreuen sich einer ähnlich großen Beliebtheit wie die Kreolen. Ihr eigenartiger Reiz besteht darin, dass sie durch ihr Pendeln auf sich aufmerksam machen. Die Länge des Ohrhängers bestimmt das Tempo der Pendelbewegung. Dabei ist die Schwingung nicht nur von der Länge des Ohrhängers abhängig, sondern auch davon, wo sein Schwerpunkt liegt.

Der herabhängende Teil des Ohrhängers und die dazu gehörende Befestigung im Ohr sind normalerweise durch ein Gelenk miteinander verbunden und bilden auf diese Weise eine gestalterische Einheit. Sie können aber bei den Boutons auch ohne ein Gelenk auskommen.

Boutons

Das französische Wort *bouton* heißt Knopf. Der Bouton ist ein knopfförmiger Ohrring. Er wird wie ein Ohrhänger getragen, ist aber wegen seiner geringen Größe kein eigentlicher Ohrhänger. Hinsichtlich seines Tragekomforts besitzt er eine gewisse Nähe zur kleinen Klappkreole. Er besteht nämlich nur aus der Befestigung und einem an ihrer Unterseite starr befestigten kleinen Schmuckteil. Befestigung und Schmuckteil bestehen also aus einem Stück. Bei seinem sehr geringen Gewicht und seiner geringen Größe pendelt er nicht. Er erzittert gegebenenfalls nur ein wenig, denn er hängt ja frei beweglich im Ohrloch. Er ist unauffällig und pflegeleicht. Seine schmückende Wirkung ist eher zurückhaltend. Das macht ihn für viele besonders attraktiv. Man braucht ihn nie abzunehmen, sodass er als ständiges Merkmal im Ohr seiner Trägerin erscheint. Der Bouton ist ein idealer Schmuck, wenn Wert darauf gelegt wird, das Ohr beständig, aber möglichst unauffällig zu schmücken.

Für den Bouton scheint man keinen geeigneten deutschen Namen zu finden. Die Bezeichnungen ‚Kurzohrring‘ und ‚Verschlussohrring‘ sind aussageschwach und irreführend dazu. Nahe liegend wäre nach dem französischen Vorbild die Bezeichnung ‚Knopfohrring‘. Aber geknöpft wird dieser Ohrring ja nicht, wie dies zu anderen Zeiten und an anderen Orten mit dem Ohrknopf im gedehnten Ohrloch geschah. Also bleibt man bei dem Wort Bouton für Knopf, um das Aussehen dieses Ohrrings näherungsweise zu charakterisieren.

Die Befestigung von Ohrhängern

Unter den Befestigungsarten von Ohrhängern, die auch als Brisuren bezeichnet werden, sind die Klappbrisur, die Schnappbrisur (Patentbrisur) und der Ohrhaken mit oder ohne Öse die bekanntesten.

Bei den Gehängen mit *Klappbrisur* wird der Befestigungsbügel wie bei der Kreole von hinten durch das Ohr geführt.

Der Krümmungsradius des Drahtbügels entspricht etwa der Stärke des Ohrläppchens. Er besitzt an der Spitze einen kleinen Haken, der gegen die Vorderseite des Ohrschmucks geklappt und dort in eine Öse eingehakt wird.

Die Klappbrisur findet man heute nur noch in älteren Modellen. Im Handel werden Ohrhänger dieses Typs kaum angeboten. Das hat einen einfachen Grund. Die absolut sichere Befestigung des Ohrhängers dieses Typs schließt nämlich die Gefahr einer Verletzung nicht aus, wenn sie sich bei einer plötzlich auftretenden starken Spannung nicht von allein öffnet.

Ganz anders als die Klappbrisur ist die *Schnappbrisur* beschaffen.

Der Unterschied besteht darin, dass der ebenfalls gebogene Haltebügel von vorn in das Ohr eingeführt wird. Von hinten schnappt ein zweiter Bügel gegen den bereits eingezogenen Vorderteil. Dieser zweite Bügel ist auf der dem Ohr zugewandten Seite hohl. So legt er sich beim Einschnappen mit Federdruck gegen den durch das Ohr geführten Draht.

Wenn sich der von hinten anliegende Schnappbügel bei dieser Art der Befestigung zu leicht öffnen lässt, kann der Ohrring allerdings schnell verloren gehen, weil er dann unbemerkt aus dem Ohrloch herausrutschen kann. Der Federdruck des Schnappbügels muss deshalb möglichst stark sein. Auch sollte das feste Ansitzen des Schnappbügels hin und wieder kontrolliert werden. Die Gefahr einer Verletzung besteht jedoch kaum.

Der *Ohrhaken* ist ein einfacher Drahtbügel, der von vorn durch das Ohr gesteckt wird und nicht unbedingt einen Verschluss braucht. Er wird in Verbindung mit einem Ohrhänger getragen. Er kann schnell eingesetzt und sogar mit nur einer Hand wieder herausgenommen werden. Um aber auch diesen Ohrhänger möglichst sicher im Gebrauch zu machen, muss der Haken relativ lang sein. Der Ohrhaken kann im Extremfall so lang sein wie das Gehänge, das er trägt, sodass ein Herausrutschen des Drahtes aus dem Ohrloch sehr unwahrscheinlich wird. Der Haken kann auch mit leichten gegenläufigen Krümmungen versehen werden, um sein Herausrutschen zu erschweren.

Es gibt Ohrhaken, die nach dem Einziehen durch eine bewegliche dreieckige Öse festgehalten werden können. Diese Öse ist auf der Rückseite der Befestigung des Ohrhängers angebracht. Auf diese Weise erhält der Ohrhaken durch die Öse ebenfalls einen Verschluss. Dann muss das Gehänge allerdings durch beidhändiges Zufassen eingesetzt und abgenommen werden.

Der Ohrhaken ist lediglich eine Ohrringbefestigung. Da er aber in Verbindung mit einem Ohrgehänge getragen wird, kommt es häufig vor, dass ein solches Ohrgehänge unkorrekt als Ohrhaken bezeichnet wird.

*

Die verschiedenen Arten von Befestigungen oder Verschlüssen gestatten es, an ihnen alle Arten von Gehängen zu tragen. Ohrgehänge von fünf Zentimetern Länge sind im Alltag nicht ungewöhnlich. Meist sind sie jedoch etwas kürzer. Zu besonderen Anlässen oder Gelegenheiten und natürlich zur Imagepflege werden auch sehr lange Ohrgehänge getragen. Jede Frau entscheidet selbst, wo die Grenzen des für sie persönlich Attraktiven liegen. Ältere Damen beschränken sich bei der Wahl von Ohrhängern häufig auf die kleineren Formen. Diese können rund um die Uhr bequem getragen werden und brauchen für die Nacht nicht unbedingt abgelegt zu werden.

Eine eigenartige und kaum auftretende Form des Ohrrings, die hier nur am Rande erwähnt werden soll, ist eine Schmuckkette, die an beiden Ohrläppchen befestigt wird und von vorn betrachtet mit einer Halskette verwechselbar ist. Dieser Schmuck hat auch als Bestandteil des Schatzes von Priamos Aufsehen erregt.

Ohrstecker

Der recht verbreitete *Ohrstecker* ist erst viel später als die anderen Ohrringformen in Erscheinung getreten. Er besteht aus einem Stift, an dessen Vorderseite sich der Schmuckteil befindet. Dieser Schmuckteil besteht entweder nur aus Metall, zum Beispiel in Form einer kleinen Kugel, Platte oder Rosette, oder er besitzt eine Fassung aus Metall, in die ein Stein, eine Perle o. ä. eingelegt ist. Wenn der Stift durch das Ohr gesteckt worden ist, wird auf der Rückseite ein scheibenförmiger Verschluss von etwa fünf Millimetern Durchmesser aufgesetzt. Er hat dafür in der Mitte ein Loch, durch den der Stift des Steckers hindurch passt. Die Aufgabe dieser kleinen Verschlussscheibe besteht darin, eine Lockerung und das Herausrutschen des Stiftes aus dem Ohrloch zu verhindern. Den festen Sitz der Verschlussscheibe bewirken zwei daran angebrachte Metallfedern, die seitlich gegen den Stift des Steckers drücken. Manchmal wird hier auch ein Schraubverschluss verwendet. In diesem Fall ist der Stift mit einem feinen Gewinde versehen und das Loch der Verschlussscheibe ebenfalls. Dadurch sind die Federn überflüssig. Diese so genannte *Ohrschraube* ist nur noch wenig im Gebrauch, obwohl sie der eigentliche Vorgänger und Wegbereiter des Ohrsteckers war, bevor man auf die Lösung mit den Federn kam.

Schließlich hat sich der Federdruck gegenüber der Schraube als praktischer und sicherer erwiesen.

Der Vorteil des Ohrsteckers besteht nach allgemeiner Meinung darin, dass er bei seiner geringen Größe rund um die Uhr getragen werden kann. Er eignet sich in idealer Weise dafür, das Ohrloch zu bedecken, wenn man auf den hängenden Ohrring verzichten möchte.

Als wenig erfreulich wird mitunter empfunden, dass an die Haut am Ohrloch unter dem Stecker zu wenig Luft gelangt. Das Ohrloch wird für Entzündungen empfänglicher sein, wenn in ihm zu wenig Luftaustausch möglich ist. Gegenüber der Benutzung der hängenden Ohrringformen ist dies tatsächlich ein Nachteil.

Es gibt mehrere Varianten des Ohrsteckers. Bekannt ist der *Ohrstecker mit Anhänger.* Hier ist der vordere Teil, also die Schmuckseite des Steckers mit einer Öse versehen, in der ein Anhänger befestigt ist. So wird die Vorderseite des Steckers etwas stärker belastet als seine Rückseite. Die Folge davon ist, dass sich der Stecker nach vorn neigen kann. Das ist von der Trägerin ganz bestimmt nicht gewollt.

Eine weitere Variante des Ohrsteckers ist der so genannte *Klippstecker.* Das ist eine Kombination von Ohrstecker und Ohrklipp. Bei ihm wird der Stift des Steckers zwar ganz normal durch das Ohrloch geführt, aber nicht durch den bereits beschriebenen Feder- oder Schraubverschluss gesichert. Diese Aufgabe übernimmt ein Klappmechanismus. Er wird von hinten gegen das Ohr geklappt. Das geht bequemer und schneller vonstatten als das Aufsetzen einer Verschlussscheibe. Auf diese Weise soll bei schwereren Ohrsteckern das Durchhängen des Vorderteils vermieden und das Gewicht auf das ganze umschlossene Ohrläppchen verteilt werden. Diese Wirkung kann erreicht werden, wenn das Ohrläppchen genügend Platz bietet und das Ohrloch sich nicht sehr nahe am Ohrrand befindet. Allerdings steht die Trägerin hier vor dem gleichen Problem wie beim Ohrklipp. Sie wird nämlich den auftretenden Druck der Klemme bald als lästig empfinden und den Klippstecker nach einer gewissen Zeit wieder abnehmen.

Recht selten findet man so genannte *Ohrketten,* die auch die wenig attraktive Bezeichnung *Durchzieher* erhalten haben. Sie bilden eine merkwürdige Form des Ohrschmucks, die eigentlich vom Ohrstecker hergeleitet ist. Das vordere Ende des sehr feingliedrigen Kettchens trägt einen kleinen Schmuckteil. Das andere Ende des Kettchens trägt wie beim Ohrstecker einen Stift. Dieser wird in das Ohrläppchen eingeführt und dann mit der Kette nach hinten weiter gezogen. Das Ohrloch darf natürlich nicht zu eng sein, damit die Kette darin bewegt werden kann. So ist die Trägerin in der Lage, durch mehr oder weniger weites Durchziehen die Länge des einen und des anderen Endes des herabhängenden Kettchens selbst zu bestimmen. Die Ohrketten sind unverlierbar und lassen dem Ohrloch Luft zum Atmen. Die dekorativen Möglichkeiten sind allerdings recht begrenzt und die Gesamtlänge des Kettchens ist nicht veränderbar.

Ohrringformen und -befestigungen im Überblick

Ohrringform	*Bezeichnungen*	*Geläufige Befestigung*
Kreole	*Runder Ohrring, Ohrreif, Kreole, Klappkreole*	*Drahtbügel, Stift*
Ohrhänger	*Ohrgehänge, Ohrhänger, Ohrpendel*	*Klapp-, Schnappbrisur,*
	Ohrhaken	*Haken*
Bouton	*Knopfförmiger Ohrring; Knopfohrring, Bouton*	*Klapp-, Schnappbrisur*
Ohrstecker	*Ohrstecker*	*Stift mit Federverschluss*
	Ohrstecker mit Anhänger	*Stift mit Federverschluss*
	Ohrschraube	*Stift mit Schraubverschluss*
	Klippstecker	*Stift mit Klippbrisur*
Ohrkette (Durchzieher)	*Ohrkette (Durchzieher)*	*Durchzug mittels Stecker*

3

Das Loch im Ohr

Das beim Durchstich des Ohrläppchens entstehende Loch wird üblicherweise als Ohrloch bezeichnet. Wir wollen uns an diese stille Vereinbarung halten.

Ist nun das Durchstechen des Ohrs eine millionenfach geübte Unsitte, wobei das Ohr vorsätzlich verunstaltet wird? Oder ist es die unvermeidliche Voraussetzung, um ein verständliches Schmuckbedürfnis der Menschen zu befriedigen? An diesen Fragen scheiden sich die Geister.

Der Ohrring ist ohne das zu ihm gehörende Loch im Ohr nicht denkbar. Er kann erst dann die ihm zugedachte Rolle spielen, wenn er im Ohr befestigt wird. So gesehen sind die Ohrlöcher, in denen die Ohrringe getragen werden, ein unvermeidbares persönliches Merkmal ihrer Trägerin.

Ohrlöcher zu besitzen ist ein erfüllbarer Wunsch
Niemand wird mit Ohrlöchern geboren. Man erwirbt sie irgendwann im Leben. Unzählige Millionen von Frauen haben Ohrlöcher und möchten nicht auf sie verzichten. Wer keine Ohrlöcher hat, sie aber gern besitzen möchte, bekommt sie auch. Und wer Ohrringe tragen möchte, macht sich gewiss vorher Gedanken darüber, was das Durchstechen der Ohren für das eigene Image bedeutet. Eine solche Bedenkzeit ist wohl erforderlich, um die psychologische Schwelle des Zögerns zu überwinden. Wird hier eine wichtige und unwiderrufliche Entscheidung für das ganze Leben getroffen? Man sieht es zunächst so. Später

lacht man über seine ursprünglichen Bedenken. Denn im Nachhinein hat man so gut wie immer die Gewissheit, die richtige Entscheidung getroffen zu haben. Und wem als kleinem Kind diese Entscheidung von den Eltern abgenommen wurde, der erweist sich im Leben mit ziemlicher Sicherheit als überzeugter Freund des Ohrrings.

Wenn das Interesse an den Ohrringen geweckt und der Wunsch, sie zu tragen, zum Entschluss herangereift ist, paart sich bei vielen Mädchen und jungen Frauen die Angst vor einem vermeintlichen Schmerz beim Durchstechen des Ohrs mit der Neugier auf ein bevorstehendes einmaliges Erlebnis. Man blickt der Neuigkeit mit gemischten Gefühlen entgegen, die die eigenen Ohrringe gewiss darstellen. Dieses Hinundherüberlegen ist nicht ungewöhnlich. Doch wenn der Entschluss erst einmal gefasst ist, so kann er nur noch entschlossen in die Tat umgesetzt werden. Danach haben sich nämlich alle zuvor angestellten Überlegungen sowieso als unnötig erwiesen. Trägt man erst einmal die ersehnten Ohrringe, so tritt Zufriedenheit ein. Jetzt kann man schließlich auch fachkundig mitreden, wenn über die Vorzüge und eventuellen Nachteile der Ohrringe gesprochen wird.

Wer sich für Ohrlöcher entscheidet oder sie schon besitzt, wird zumeist auch eine Vorstellung davon haben, wie die Ohrringe aussehen und beschaffen sein sollen, die man gern tragen möchte. Von vielen Experimenten ist abzuraten, besonders in der ersten Zeit, wenn das Ohrloch noch neu und nicht vollständig verheilt ist und deshalb auch nicht unnötig belastet werden darf.

Ohrlöcher bedürfen einer pfleglichen Behandlung. Wenn man mit ihnen sorgsam umgeht, werden sie ihre Aufgabe ein Leben lang zur Zufriedenheit ihrer Besitzerin erfüllen. Wenn sie jedoch vernachlässigt oder vermeidbaren Belastungen ausgesetzt werden, kann man keine ungetrübte Freude an ihnen und dem dazu gehörigen Schmuck erwarten.

Eine Frau, die schon seit langer Zeit Ohrringe trägt, kann sicher sein, dass ihre Ohrlöcher für immer erhalten bleiben. Selbst mit einer Verengung der Löcher, für die eine Größe von nicht mehr als zwei Millimetern angenommen wird, muss sie nicht rechnen. Wenn man Ohrringe von normaler Größe trägt, kann man sie auch nach einer gewissen Tragepause ohne Schwierigkeit wieder einziehen. Wer jedoch recht kleine Ohrringe bevorzugt, sollte darauf bedacht sein, sie möglichst oft zu tragen, denn ihre Befestigungen bestehen mitunter aus recht dünnem Draht. Etwas stärkere Drahtbügel oder Stifte werden hingegen einer unnötigen Verengung der Ohrlöcher vorbeugen.

Um Ohrlöcher zu bekommen, bedarf es allerdings eines unscheinbaren operativen Eingriffs, der heute von einem Fachmann völlig schmerzlos ausgeführt wird. Hierfür stehen medizinische Instrumente zur Verfügung, die in ihrer Vollkommenheit kaum zu übertreffen sind.

Der Durchstich des Ohrläppchens

Es muss zunächst darauf hingewiesen werden, dass die folgende Beschreibung nicht als Empfehlung oder Anleitung verstanden werden darf, wie beim Durchstechen des Ohrs vorzugehen ist. Es geht vielmehr um die Erläuterung der hierzulande üblichen Praxis. Der Durchstich selbst ist Sache der hierfür geeigneten Person und wird von dieser auch verantwortet.

Wer Ohrringe in der traditionellen klassischen Aufmachung tragen möchte – und das sind die meisten interessierten Frauen –, der entscheidet sich für Löcher nur in den Ohrläppchen. Sollten diese schwach ausgebildet sein, so steht hierfür eben der untere Ohrrand genauso gut zur Verfügung. Auch er bietet hinreichend Platz, um Ohrlöcher zu stechen.

Wenn der Tag des Durchstechens gekommen ist, wird die Stelle, wo das Ohrloch seinen Platz finden soll, zuerst mit einem speziellen Stift markiert. Dann wird begutachtet, ob die Markierung an der gewünschten Stelle erfolgt ist, denn nach dem Stechen lässt sich der Durchstich nicht mehr verändern. Die Stelle für das Ohrloch wird normalerweise dort ausgesucht, wo das Ohr keinen Knorpel aufweist. Es wird also nur weiches Hautgewebe durchstochen. Man sollte darauf achten, dass der Durchstich möglichst weit entfernt vom unteren Rand des Ohrs, aber noch nicht in seinem knorpeligen Bereich erfolgt. Je nach der Form des Ohrs hat sich die Anbringung des Durchstichs oberhalb der Mitte des Ohrläppchens als günstig erwiesen. Hier besitzt das Ohrloch genügend Umfeld, um alle Formen von Ohrringen zu tragen und auch später alle zufälligen oder denkbaren Belastungen ohne Schaden zu überstehen. Das erweist sich als besonders vorteilhaft, da nicht auszuschließen ist, dass später auch mal größere oder schwerere Ohrringe getragen werden.

Dass sich die Ohrläppchen beim ständigen Tragen von Ohrringen dehnen können, ist eine vage Vermutung. Manche möchten an diese Aussicht gar nicht denken und beschränken sich schon deshalb von vornherein auf kleinere Ohrringe. Andere wiederum halten eine durch Ohrringe bedingte gewisse Dehnung der Ohrläppchen für eine ganz normale Erscheinung, mit der man leben kann. Schließlich haben die Ohrläppchen aller Menschen von vornherein individuell eine unterschiedliche Größe. Das betrifft auch diejenigen, die gar keine Ohrringe tragen. Außerdem ist bekannt, dass das Ohr des Menschen bis ins hohe Alter ständig ein wenig wächst.

In früheren Zeiten konnten ängstliche Personen gegen das Stechen von Ohrlöchern eventuell Bedenken haben. Da war es üblich, das Ohr mit Hilfe einer zum Nähen benutzten Nadel oder eines anderen nadelähnlichen Instruments, zum Beispiel einer Hohlnadel zu durchstechen. Auch so genannte Ohrlochzangen waren im Gebrauch. Das konnte schon ein wenig schmerzhaft sein, bis das neue Ohrloch nach dem Durchstechen verheilt war. Aber auch damals hat dies die Frauen nicht davon abgehalten, sich den Wunsch nach eigenen Ohrringen zu erfüllen und diese ein Leben lang in ihren nun einmal erworbenen Ohrlöchern zu tragen.

Wie die junge Amerikanerin Rosasharn seinerzeit zu ihren Ohrlöchern kam, hat der amerikanische Schriftsteller und Nobelpreisträger John Steinbeck in seinem berühmten Roman „Früchte des Zorns" anschaulich beschrieben.

Die ersten Ohrringe

Der Umgang mit den ersten Ohrringen verdient besondere Sorgfalt. Heute werden jedem, der das wünscht, gegen ein geringes Entgelt Ohrlöcher gestochen und die ersten Ohrringe eingesetzt. Das machen nicht nur hierfür zugelassene Juweliere, sondern ebenso Ärzte und qualifizierte Ohrlochstecher, auch Piercer genannt. Früher war es meist üblich, dies zu Hause mit einer Nadel selbst zu machen oder machen zu lassen. Doch davon ist man jetzt weitgehend abgekommen. Es wird sogar dringend geraten, dafür einen Fachmann aufzusuchen, allein schon aus hygienischen Gründen. Der Fachmann arbeitet mit geübter und sicherer Hand, und er trägt für seine Arbeit eben auch die Verantwortung.

Instrumente zum Ohrlochstechen

Die Juweliere benutzen zum Ohrlochstechen meist eine so genannte Ohrlochpistole. Unter strenger Beachtung der Hygiene wird ein einfacher kleiner Ohrstecker in dieses Gerät eingelegt und an das Ohr herangeführt. Dann wird die vorher markierte Stelle am Ohr für das gewünschte Loch punktgenau mit der Ohrlochpistole fixiert. Ehe man sich versieht, ist der Stift des Steckers, der aus chirurgischem Stahl besteht, auf Knopfdruck auch schon durch das Ohrläppchen oder den unteren Ohrrand geflitzt und von hinten durch einen Verschluss gesichert. Der Stecker hat sich also sein Ohrloch selbst ‚geschossen'. Das Gerät wird abgenommen und nach der gleichen Prozedur am anderen Ohr kann die neue Ohrringträgerin ihr mitgebrachtes Herzklopfen schon vergessen. Es war wirklich keine Zeit geblieben, auch nur einen geringen Schmerz zu spüren. Und es ist meist auch kein Tropfen Blut zu sehen. Kritiker der Ohrlochpistole aber geben unter anderem zu bedenken, dass dieses Gerät nicht genügend steril gemacht werden könne, um seinen Anforderungen zu genügen.

Selbstverständlich besteht nach wie vor auch die Möglichkeit, sich die Ohrlöcher mit der Nadel stechen zu lassen. Manche Experten empfehlen diese Methode sogar unter Hinweis darauf, dass auf diese Weise kaum Hautgewebe zerstört werde, was beim Stechen mit der Ohrlochpistole nicht zu vermeiden sei. Dieser Hinweis hat wohl besonders dann seine Berechtigung, wenn knorpeliges Hautgewebe durchstochen werden soll.

Die Heilung des Ohrlochs

Nach dem Durchstich beginnt nun eine Zeit des äußerst vorsichtigen Umgangs mit den neuen Ohrlöchern, um ihre Ausheilung nicht zu verzögern oder zu gefährden. Wenn das Stechen des Ohrlochs bereits sehr sorgfältig zu erfolgen hatte, so erfordert sein anschließendes Ausheilen umso mehr Aufmerksamkeit. Das Ohrloch muss nämlich vor Verunreinigung und unnötiger Belastung bewahrt werden, damit sich in ihm eine richtige Haut bilden kann. Abgesehen von den angeratenen Maßnahmen zur Pflege und Desinfektion wird empfohlen, den Stecker in den ersten Tagen gelegentlich ein wenig im neuen Ohrloch zu bewegen. Damit soll erreicht werden, dass er beweglich bleibt und nicht anklebt oder gar einwächst. Wenn dies alles sorgfältig beachtet wird, so ist das Ohrloch nach wenigen Wochen geheilt.

Dennoch sollte man sich viel Zeit lassen, bevor man die neuen Stecker zum ersten Mal mit aller Behutsamkeit gegen andere Ohrringe austauscht. Vorsicht und Sauberkeit – auch für die Schmuckstücke selbst – sind die beste Gewähr für eine immer währende Zufriedenheit mit den Ohrlöchern und dem Schmuck, den sie tragen.

Die Löcher im Ohrläppchen sind nach dem vollständigen Ausheilen in der Regel deutlich zu sehen. Das ist auch dann der Fall, wenn man später einmal keine Ohrringe mehr trägt (oder tragen soll!). Kaum jemand wird sich die Mühe machen, die Ohrlöcher auf medizinischem Wege wieder entfernen zu lassen. Was also bleibt, sind die Löcher selbst oder ihre Vernarbung. Und die kann man als bleibendes Merkmal oder als Erinnerung an einen früher getragenen Schmuck auffassen. So oder so. Die Versuchung, zum Ohrring zurückzukehren, bleibt bestehen. *Ohrlöcher ziehen Ohrringe an.* Das ist ein ästhetisches Phänomen.

Doppelte Ohrlöcher

Ohrringe wurden früher meist in nur einem Loch für jedes Ohr getragen. Viele Frauen tragen jetzt Ohrringe auch in doppelten oder gar dreifachen Ohrlöchern. Immer größer wird die Zahl derer, die dieses Novum ausprobieren, manche von ihnen zunächst nur in einem Ohr.

Wenn eine Frau mehrfache Ohrringe tragen möchte, so spricht nichts dagegen. Das sieht interessant aus und gibt Grund zum Hinschauen. Die Ohrlöcher sollten dann einen hinreichend großen Abstand voneinander haben. Etwa 10-12 Millimeter Abstand sind gewiss das optimale Maß. So können sich die Ohrringe im Gebrauch nicht gegenseitig behindern.

Ein zweites oder gar ein drittes hinzukommendes Ohrloch wird fast immer mit einem deutlich kleineren Ohrring versehen als das erste Ohrloch. Entscheidend ist, wie die Trägerin es versteht, die einzelnen Schmuckelemente geschmackvoll aufeinander abzustimmen.

Das Tragen von Ohrringen in doppelten Ohrlöchern war schon im Altertum bekannt. Doch war dies damals eine exklusive Erscheinung, die wohl an eine besondere gesellschaftliche Stellung gebunden war. Es ist der Hauch eines Statussymbols aus uralter Zeit, der in unsere Gegenwart hinein weht, wenn Frauen heute diese außergewöhnliche Schmuckkombination aufgreifen und im Alltag tragen.

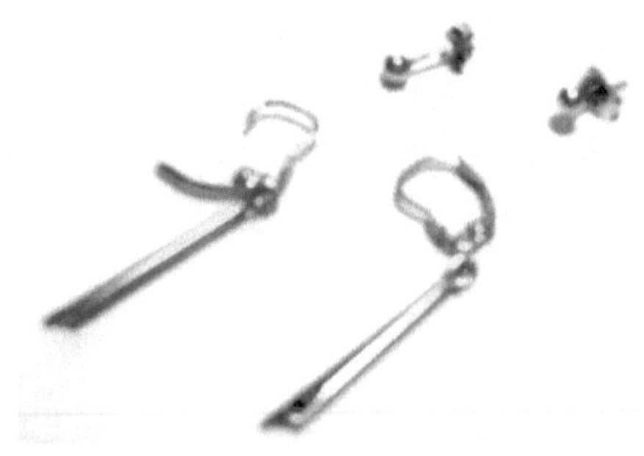

4

Ohrringe zwischen Augenmaß und Kult

Ohrschmuck kann auf unterschiedliche Art getragen werden. Eine einfache, recht anspruchslose Art ist es, die Ohrläppchen mit Zierklemmen (Klipps) zu versehen. Eine extrem andere Art besteht darin, die Ohren an beliebigen Stellen zu durchstechen (*piercing*), um an diesen Stellen Ohrschmuck anzubringen. Oder man hält sich an die altbewährte Praxis, Ohrringe in das Ohrläppchen bzw. den unteren Ohrrand einzuziehen.

Warum die letztgenannte, am meisten verbreitete Praxis bewahrt und gepflegt wird, lässt sich erklären. Zufällig fällt der Blick eines Kindes auf einen Ohrring. Dann wieder wird es Zeuge eines Gesprächs, das um Ohrringe geht. Im Schaufenster des Juweliergeschäfts liegen sie auch aus. Man sieht sie, man hört von ihnen und im Unterbewusstsein stellt sich Neugier ein. Man möchte gern wissen, was es mit den Ohrringen auf sich hat, wie sie an das Ohr kommen und warum so viele Frauen diesen Schmuck tragen. So oder ähnlich mag bei den Kindern der Prozess der ersten Wahrnehmung der Ohrringe und der Herausbildung einer Meinung dazu sein.

Als Tochter stellt man der Mutter Fragen. Sie trägt nämlich auch so etwas oder sie weiß, dass andere Frauen dies tun. Als Jugendliche tauscht man sich mit den Schulkameradinnen aus, die dazu eine Meinung haben oder selbst schon Ohrringe tragen. Man macht sich darüber seine Gedanken, denn schick und interessant sehen sie ja aus, die kleinen Dinger. Wenn das Interesse erst einmal geweckt ist, so ist auch schon fast der Punkt erreicht, wo man daran denkt, selbst einmal Ohrringe tragen zu wollen. Wenn man bei der Mutter dafür ein offenes Ohr findet, ist der Wettstreit der Gefühle bei der kleinen Tochter schnell ausgefochten. Wenn nicht, dann fällt die Entscheidung so oder so meist im jugendlichen Alter. Als Erwachsene weiß man dann, wie man zu Ohrringen steht.

Ohrringe trägt man in jedem Alter

Es ist ein unerschöpfliches Thema, wenn darüber gesprochen wird, ob und ab welchem Alter man Ohrringe tragen sollte. Sind denn Ohrringe keine große Unfallquelle? Leiden die Ohren nicht unter der ständigen Belastung durch die Ohrringe? Und gibt es wirklich keinen Grund, irgendwann auch wieder mit dem Tragen von Ohrringen aufzuhören? Und, und, und...

Die erforderlichen Ohrlöcher brauchen eigentlich nur einmal gestochen zu werden. Die Ohrringe können dann nach einer gewissen Wartezeit im Regelfall jederzeit ohne Schwierigkeiten entfernt, gewechselt oder neu eingesetzt werden. Freilich hört man hin und wieder von jungen Mädchen, dass sie schon in der Anfangszeit ihre Ohrlöcher nicht mehr benutzen können und wieder zuwachsen lassen, weil eine Entzündung eingetreten ist. Nach einiger Zeit lassen sie sich jedoch wieder neue Ohrlöcher stechen. Solche Ärgernisse kann man sich fast immer ersparen, wenn man von Anfang an die notwendige Sorgfalt bei der Pflege von Ohrlöchern walten lässt. Wir haben dies weiter oben bereits angedeutet.

Wenn eine Frau, die bereits längere Zeit Ohrringe getragen hat, sich irgendwann entschließt, sie nur noch gelegentlich zu tragen, so kann sie dies tun, ohne mit einem schnellen Zuwachsen der Löcher rechnen zu müssen. Es gibt genügend Beispiele dafür, dass lange Zeit genutzte Ohrlöcher überhaupt nicht mehr zum Zuwachsen neigen.

In welchem Alter man seine ersten Ohrringe trägt, dafür gibt es keine Regeln oder Grenzen. Das kann im Säuglingsalter genauso geschehen wie mit siebzig oder noch mehr Jahren. Es sind besonders die Mädchen und die jungen Frauen, die an den Ohrringen Gefallen finden. Das ist das Alter, wo mit dem Selbstbewusstsein auch das Bedürfnis wächst, die eigene Schönheit zu pflegen. In jungen Jahren experimentiert man gern. Man ist unbekümmerter. Ohrringe sind schließlich von Anfang an geheimnisvoll und zauberhaft. Wer dann mit fünfzig oder sechzig Jahren seine lieb gewonnenen Ohrringe weiterhin trägt, der wird sie gewiss auch mit siebzig und achtzig Jahren noch tragen. Allerdings soll es auch Frauen geben, die schon vergessen hatten, dass sie Ohrlöcher besitzen. Das ist aber nur ein Gerücht. Denn bei Gelegenheit fallen sie ihnen bestimmt wieder ein. Dann werden die Ohrringe aus dem Schmuckkästchen hervorgeholt, um aufs Neue betrachtet und – vielleicht auch wieder getragen zu werden.

Brauchtum

Das Tragen von Ohrringen hat auch im Traditionsbewusstsein der Menschen eine seiner Wurzeln. Es gibt wohl kaum eine Gegend, in der nicht schon seit alten Zeiten Ohrringe getragen wurden. Bemerkenswerte Beispiele hierfür finden sich hierzulande überall. Besonders beliebt sind Ohrringe wohl in solchen Gegenden, wo die Pflege des Brauchtums einen recht hohen Stellenwert hat. Dazu gehören nicht nur manche Gegenden auf dem flachen Land, sondern besonders auch Küsten- und Gebirgsregionen, wo das Tragen von Ohrringen (genau wie die Pflege der Trachtenkultur) verwurzelt ist und ein unverzichtbares Brauchtum darstellt.

Manche Mädel und junge Frauen werden von Ohrringen beeindruckt sein, die sie von der Mutter, dem Vater oder anderen nahe stehenden Angehörigen geschenkt bekommen. Positiv wahrgenommene neue eigene Ohrringe können ebenfalls ein wenig stolz auf die getroffene Wahl machen. Natürlich ist das nicht immer und überall so. Auch die Umwelt spielt eine Rolle, in der man zu Hause ist oder sich bewegt.

Sympathie für den Ohrring kann genauso durch Vorbilder ausgelöst werden, die – zumindest zeitweise – fast jeder einmal hat und denen man, auch mit einem Seitenblick auf die von diesen Personen zufällig getragenen Ohrringe, nacheifern möchte.

Und nicht zuletzt haben Ohrringe wie jeder Schmuck immer wieder einen unwiderstehlichen Reiz. Es ist wohl der Zauber des Romantischen, dem auch Gretchen in Goethes „Faust" nicht widerstehen konnte.

Ohrringe für Kinder
Sollen schon kleine Kinder Ohrringe tragen? Diese Frage wurde und wird immer wieder gestellt und mitunter hitzig diskutiert. Solche Diskussionen mögen die Kaffeetafel beleben. Doch sie ändern nichts daran, dass die Mutter des Mädchens in dieser Frage das letzte Wort hat.

Viele Mütter überlassen es ihrer Tochter ganz und gar, darüber zu entscheiden, ob und ab wann sie Ohrringe tragen möchte. Manche andere Mutter möchte ihre Tochter – sei es aus eigenem Erleben oder weil sie einfach dazu steht – recht frühzeitig an das Tragen von Ohrringen gewöhnen.

Wenn der Wunsch, Ohrringe zu tragen, von der kleinen Tochter selbst ausgeht, so ist der Weg in den meisten Fällen schon zur guten Hälfte geebnet, auf dem das Töchterchen zu den gewünschten Ohrringen gelangt.

Ein gemeinsamer Beschluss von Mutter und Tochter bietet auf jeden Fall die beste Gewähr für das Gelingen und den dauerhaften Erfolg des Unternehmens ‚Ohrringe' bei der Kleinen. Er versetzt die Tochter in die Lage, sich unter den Augen und in der Obhut der Mutter mit dem Tragen von Ohrringen vertraut und dabei nichts falsch zu machen. Wie sie mit ihrer Errungenschaft dann im späteren Leben umgeht, bleibt natürlich ihrer eigenen Entscheidung überlassen.

Es wäre ungerecht, eine Mutter dafür zu schelten, dass sie aus mütterlichem Gefühl und Ehrgeiz ihre Tochter auf einen unvergänglichen Schmuck einstimmt, den sie auch selbst aus Überzeugung trägt.

So kommt es schließlich dazu, dass nicht wenige Mädchen schon zur Einschulung Ohrringe tragen. So etwas ist übrigens nicht neu, sondern war auch in früheren Zeiten gang und gäbe. In der Schule werden sie dann ungewollt zum Beispiel für andere Schülerinnen, die im Laufe der Zeit diesem Beispiel folgen werden. Viele können sich später nicht mehr erinnern, wann sie als Kinder ihre ersten Ohrringe bekommen haben.

Wechselnder Trend?

Die meisten Frauen, die Ohrringe tragen möchten, erfüllen sich diesen Wunsch bereits in jungen Jahren, sofern sie nicht als Kinder schon Ohrringe getragen haben. In den höheren Altersgruppen nimmt der Anteil der Ohrringträgerinnen noch zu.

Nach verlässlichen Schätzungen hat zum Beispiel in Berlin in den fünfziger Jahren des vorigen Jahrhunderts nicht einmal jede fünfte Frau Ohrringe getragen. Fünfzig Jahre später war dieser Anteil auf weit mehr als die Hälfte der Frauen angestiegen. Amtliche Statistiken gibt es dazu freilich nicht, nur empirische Schätzungen. Dabei ist es unerheblich, ob in Deutschland heute 15, 20 oder 25 Millionen Frauen Ohrringe tragen. Ihre Zahl ist Legion. Zu ihnen gehörten in den letzten Jahrzehnten insbesondere – aber durchaus nicht nur – die Frauen der heranwachsenden Generationen. Auch an den etwas älteren Frauen ist die Entwicklung in diesen Jahren nicht ganz spurlos vorüber gegangen.

Kann diese Entwicklung über einen so langen Zeitraum modebedingt sein? War es nur eine Jahrhundertwelle, die sich auch wieder verläuft?

Vielleicht sollte man die Erscheinung zunehmender Akzeptanz der Ohrringe doch eher in den Rahmen einer Entwicklung einordnen, die auch in anderen Ländern auftritt und die sich offensichtlich über Jahrzehnte erstreckt. Die zunehmende Verbreitung des Ohrrings könnte ein beiläufiges Zeichen dafür sein, dass sich das Erscheinungsbild der Frau in der Welt von heute ändert. Doch das ist nur eine Vermutung.

Ohrringe sind überall modern

Es ist heute weltweit üblich, dass Frauen aus allen sozialen Schichten Ohrringe tragen. Frauen in weniger oder mehr gebildeten oder begüterten Familien, Frauen mit einfacher oder höherer beruflicher Qualifikation, bekannte Sportlerinnen, Frauen, die durch Film und Fernsehen bekannt geworden sind, Schauspielerinnen, Künstlerinnen, angesehene Ärztinnen, Wissenschaftlerinnen oder Politikerinnen – bei all diesen Personengruppen findet man einen bemerkenswert hohen Anteil von Liebhaberinnen des Ohrrings.

Im allgemeinen besitzt eine Frau mehrere Paare Ohrringe. Man mag dies als Ausdruck eines gesunden Schmuckbedürfnisses der Frauen deuten, wie es sich auch beim Tragen anderer Schmuckarten äußert. Darin eingeschlossen ist aber auch der unausgesprochene Wunsch, sich abzuheben von der großen Zahl anderer, die den Ohrring als Erscheinung des kulturellen Alltags nicht für wünschenswert halten.

Ob ein wirkliches Bedürfnis besteht, Ohrschmuck zu tragen, zeigt sich bei der Wahl des jeweils „passenden" Ohrrings. Diese Wahl ist nicht nur abhängig von der Persönlichkeit der Ohrringträgerin und ihrem Selbstbewusstsein, sondern auch von der Kleidung, vom kombinierbaren übrigen Schmuck, von der Frisur, von der beruflichen Einbindung, vom Anlass des eigenen Auftretens, vielleicht sogar von der eigenen Gesichtsform und, wie manche Frauen von sich selbst meinen, auch vom Alter. Das ist wohl alles eine Sache des Geschmacks.

Bekanntlich liegt die Größe der bei uns am meisten getragenen Ohrringe zwischen nur wenigen Millimetern (bei den Ohrsteckern) und etwa acht Zentimetern (bei den Gehängen und Kreolen). Daraus darf man allerdings nicht folgern, dass die übliche Größe des bevorzugten Ohrrings etwa in der Mitte zwischen diesen beiden extremen Maßen liegt. Sie liegt deutlich unter dem Mittel, denn etliche Faktoren wirken hier moderierend. Der recht große Ohrring, so attraktiv er auch im Einzelfall erscheinen mag, ist eben nicht für jede Situation und jeden Anlass geeignet. Er passt auch nicht so gut zu jeder Person wie der unauffällige kleinere Ohrring.

Im übrigen ist es nicht hauptsächlich die Größe oder gar die Stückzahl der getragenen Ohrringe, die die Attraktivität des Ohrschmucks bestimmen. Es ist vielmehr das Augenmaß, das jede Liebhaberin von Ohrringen besitzen muss, um sich mit ihnen stilgerecht zu schmücken.

Ohrklipps und Ohrpiercing als Alternativen

Wir haben bis jetzt über ganz normale Ohrringe gesprochen, die seit alters her mit einer Befestigung im Ohrläppchen bzw. im unteren Ohrrand getragen werden.

Die Ohrklipps (Ohrklips, Ohrclips, Ohrklemmen) und die Ohrpiercings (Durchstiche des Ohrs an beliebigen Stellen) sprengen diesen Rahmen, weil sie das Ohr auf eine vorwiegend andere Art schmücken wollen, als es der klassische Ohrring tut. Klipps und Piercings an den Ohren haben ursächlich nichts miteinander zu tun. Beide sind keine Ohrringe im klassischen Sinne, aber sie sind Ohrschmuck.

Ohrklipp (Ohrclip)
Wie der zur Hälfte aus dem Englischen abgeleitete Name sagt, ist der Ohrklipp eine Klemme. Er ist eine Erfindung der dreißiger Jahre des vorigen Jahrhunderts, die damals mit Begeisterung aufgenommen wurde. Der Klipp schien die Lösung dafür zu bieten, wie man Ohrschmuck tragen kann, ohne Ohrlöcher zu benutzen. Das war übrigens auch eine Brücke für diejenigen, sich mit dem Ohrschmuck anzufreunden, die den Ohrringen eigentlich schon immer skeptisch bis ablehnend gegenüber gestanden hatten.

Der Ohrklipp hat den riesigen Vorteil, dass er sich im Handumdrehen anlegen und auch wieder abnehmen lässt. Die Begeisterung für den Ohrklipp hielt jedoch nicht lange an. Er hat nämlich auch zwei erhebliche Nachteile.

Das erste Problem besteht darin, dass der Ohrklipp durch das Anklemmen am Ohrläppchen die Druckempfindlichkeit seiner Trägerin herausfordert. So wird er meist nur wenige Stunden getragen. Dann wird er stillschweigend abgenommen, weil der Druck auf das Ohrläppchen lästig geworden ist. Wenn das Ohrläppchen zu klein ist, lässt er sich auch kaum anklemmen, sodass er dann als Ohrschmuck ganz ausscheidet.

Das zweite Problem des Ohrklipps besteht darin, dass man ihn ziemlich leicht verlieren kann, eben weil er nur durch den Druck einer Feder am Ohr gehalten wird, die nicht allzu fest ansitzen darf. Hierfür hatte man allerdings eine, wie es schien, praktikable Lösung zur Hand. An Stelle der Federklemme, also des Klipps, entwickelte man eine Schraubklemme. Dabei wird eine kleine Platte von hinten gegen das Ohrläppchen geschraubt, bis sie fest anliegt. Dadurch kann der Druck gegen das Ohr reguliert werden. Aber er kann nicht vermieden werden. Eine größere Sicherheit im Tragen wird auf diese Weise kaum erreicht, denn der Druck der Verschraubung muss optimal sein und ständig unverändert erhalten bleiben. Das kann aber mit einer Schraube, die sich allmählich lockert, nicht gewährleistet werden, von der geringen Strapazierfähigkeit eines sehr feinen Gewindes ganz zu schweigen.

Ohrklipps benötigen als Unterlage ein hinreichend großes Ohrläppchen. Wenn dieses vorhanden ist, lassen sie sich sehr schnell anlegen und abnehmen. Das werden manche Frauen als angenehm empfinden und als Begründung für das Tragen von Ohrklipps nennen. Doch weil sich diese Klemmen eben leicht lösen können, werden sie heute tatsächlich nur noch wenig getragen und hauptsächlich als Modeschmuck benutzt. Sie werden übrigens nicht von Männern, sondern nur von Frauen getragen und geben auch gar keine Auskunft über deren Verhältnis zum normalen Ohrring.

Ohrpiercing

Das englische Wort *piercing* bedeutet Durchstechen oder Durchstich. Gemeint ist damit der Durchstich des Hautgewebes und des stellenweise darunter befindlichen Knorpelgewebes an unterschiedlichen dafür geeignet erscheinenden Stellen des Körpers, um dort Schmuck zu befestigen. Der Ausdruck Piercing wird für den dazugehörigen Schmuck gleich mit verwendet, was ein wenig irritierend wirkt.

Als geeignet für das Piercing bietet sich neben anderen Stellen des menschlichen Körpers auch das ganze Ohr an. Damit wäre das herkömmliche Ohrlochstechen auch mit umfasst. Doch wird der Durchstich des Ohrläppchens mit einem gewissen Respekt – wie es scheint – vor dieser Jahrtausende alten kulturellen Tradition meist nicht als Piercing bezeichnet. So hat es sich eben eingebürgert, als Piercing des Ohrs nur den Durchstich des Ohrs an den knorpeligen Stellen oberhalb des Ohrläppchens bzw. des unteren Ohrrandes zu bezeichnen. Doch eine definitorische Abgrenzung hierfür gibt es nicht.

Da der mittlere und der obere Teil des menschlichen Ohrs vorwiegend aus Knorpelgewebe besteht, werden hier andere Praktiken des Durchstichs angewandt als beim normalen Ohrlochstechen. Das ganze Ohr könnte im Extremfall mit einer größeren Zahl von Löchern und dementsprechend auch mit viel Ohrschmuck versehen werden. Obwohl dies schon aus Gründen der Ästhetik selten praktiziert wird, besteht hier die Gefahr des Auftretens von Unmäßigkeit. Das entspricht natürlich nicht der Gewohnheit des Tragens von klassischen Ohrringen und wäre auch nicht mit dem Anspruch auf Befriedigung eines echten Schmuckbedürfnisses zu rechtfertigen. Der Durchstich des Knorpelgewebes für die Anbringung von Ohrschmuck hat in Europa kaum eine Tradition, auch wenn es in engen Grenzen akzeptabel erscheinen mag.

Erwähnt sei an dieser Stelle auch das absichtliche Dehnen oder gar großflächige Stanzen von Ohrlöchern. Damit stößt man hierzulande auf wenig Verständnis. Der Anblick solcher Beispiele ist allzu gewöhnungsbedürftig und findet keinen Gefallen. Wer sich dennoch dafür begeistern kann, sollte Maß halten!

Das Dehnen von Ohrlöchern ist eine aus dem Altertum und auch heute noch bei wenigen Naturvölkern bekannte Praxis. Sie erfolgt mit Hilfe von Ohrpflöcken, Ohrscheiben, Ohrknöpfen oder einspannbaren Ohrreifen. Diese haben die Aufgabe, das Ohrloch zu erweitern oder eine bereits erreichte Dehnung zu bewahren. Es wäre wohl zu weit hergeholt, wenn man die heute mitunter praktizierte Dehnung von Ohrlöchern mit der aus einer frühen gesellschaftlichen Entwicklungsphase der Menschen herrührenden unvermeidbaren Dehnung von Ohrlöchern rechtfertigen wollte.

5

Was gegen das Tragen von Ohrringen spricht

Bei allem Reiz, der von den Ohrringen ausgeht, sollten wir doch nicht vergessen, dass viele Frauen keine Ohrringe tragen. Das hat unterschiedliche Gründe, ist ganz normal und tut der Faszination dieses Schmucks keinen Abbruch. Es liegt in der freien Entscheidung jeder Frau, Ohrringe zu tragen oder nicht.

Unter den Frauen, die keine Ohrringe tragen, hat sich ein großer Teil noch nie für Ohrringe interessiert. Sie haben nichts gegen Ohrringe einzuwenden. Doch für sie sind Ohrringe etwas Unnötiges, vielleicht auch etwas Exotisches. Sie sind gegenüber dem Ohrschmuck ziemlich gleichgültig.

Des weiteren gibt es Frauen, die wohl gern Ohrringe tragen würden, aber durch eine Unverträglichkeit der Haut davon abgehalten werden. Die meisten von ihnen besitzen zwar Ohrlöcher, sonst würden sie vielleicht von dieser Allergie gar nichts wissen. Aber sie tragen keine Ohrringe, weil sie die Hoffnung aufgegeben haben oder weil sie im Gegenteil erwarten, dass diese Allergie einmal vergehen wird und sie dann Versäumtes nachholen können. Das ist zumeist eine vergebliche Hoffnung. Es ist schlimm genug, dass sie sich diese Allergie in vielen Fällen durch den Hautkontakt mit nickelhaltigen Metallen zugezogen haben. Dazu können auch Ohrringe beigetragen haben, die aus einer nickelhaltigen Legierung bestanden. Sie geben in diesem Fall dem Ohrschmuck mit Recht die Schuld an ihrem Dilemma. Noch bedauerlicher ist es aber, dass sie eine unabsehbare Zeit lang auf das Verschwinden der Allergie hoffen oder schließlich resignierend auf Ohrringe ganz verzichten. Dabei ist es oft möglich, diese Allergie durch hochwertiges Metall, zum Beispiel durch sehr hochkarätiges Gold im Ohrring oder durch Titan zu überlisten. Solche Ohrringe sind natürlich deutlich kostspieliger.

An dieser Stelle müssen auch die allerdings nicht sehr zahlreichen Frauen erwähnt werden, die das Tragen von Ohrringen als unerwünscht aufgegeben haben, obwohl sie gern Ohrringe tragen würden oder früher schon getragen haben.

Manche Frauen und Männer sind auch der Meinung, dass das für das Tragen von Ohrringen nötige Stechen von Ohrlöchern nicht nur eine schmerzhafte, sondern auch eine menschenunwürdige Prozedur sei. Sie sehen im Durchstich des Ohrläppchens eine durch nichts zu rechtfertigende Körperverletzung oder sogar eine Körperverstümmelung. Für sie sind Ohrlöcher eine barbarische Erscheinung und unserer Zivilisation nicht gemäß.

Die von vielen Frauen einst als Ohrringersatz getragenen Ohrklipps haben ihre Beliebtheit weitgehend eingebüßt, obwohl sie von jeder Frau getragen werden könnten, sofern nicht auch hier wieder das Problem der Allergie auftritt. Ohrklipps sind keine Ohrringe, sondern eigentlich sogar gegen sie gerichtet. Dennoch werden die Klipps von den eifrigsten Kritikern der Ohrringe ebenfalls abgelehnt.

Und dann sind da noch die Frauen, die ein Schönheitsideal darin sehen, dass ihre Ohren so erhalten bleiben, wie die Natur sie geschaffen hat. Diesem Ideal zuliebe verzichten sie ebenfalls auf Ohrringe.

Alles in allem betrachtet gibt es also etliche Gründe, die bei der einen oder anderen Frau gegen das Tragen von Ohrringen sprechen können.

Es hat Zeiten gegeben, in denen das Tragen von Ohrringen öffentlich kritisiert wurde oder wo das Stechen von Ohrlöchern unter dem Vorwand gesundheitlicher Vorsorge erschwert wurde. Solche gegen das Tragen von Ohrringen gerichteten Aktivitäten haben bei der Bevölkerung nie die erhoffte Wirkung erzielt, weil sie als Bevormundung empfunden wurden. Sie wurden, wo immer möglich, einfach umgangen.

6

Ohrringe für Männer

Viele Männer, wenn auch bei weitem nicht alle, mögen Ohrringe. Die meisten männlichen Freunde des Ohrrings tragen aber selbst keine Ohrringe, sondern sie erwarten von ihren Frauen, dass sie dies tun. Da spielt die Überzeugung mit, dass das Tragen von Ohrringen ein Vorrecht und Merkmal der Frauen ist. Nicht alle Männer sind allerdings der gleichen Meinung. Und so muss es auch sein. Diese halten nämlich das Tragen von Ohrringen nicht für ein Privileg der Frauen, sondern sie verweisen auf das gleiche Recht für alle.

Männer sind mit Bestimmtheit bei den Ersten gewesen, die einst begonnen haben, Ohrringe zu tragen. Vielleicht haben sie sogar die Frauen dazu verleitet, dies auch zu tun. Man weiß es nicht. Es begann vor undenklichen Zeiten, anfangs gewiss nur sporadisch, doch vermutlich in allen bewohnten Gegenden der Welt, dass Männer und Frauen an Ohrschmuck Gefallen fanden. Unser gesichertes Wissen über den Ohrschmuck von Männern reicht bis mindestens in die Zeit der Pharaonen zurück.

Nach und nach stellte sich nun heraus, dass das Tragen von Ohrringen, zumindest als Zeichen der Zierde, wohl doch nicht so recht Männersache ist. Der Ohrring bei den Männern nahm eher den Charakter eines Statussymbols an. Hier und dort wurden sie auch zur Tradition. Als Schmuck für Männer traten die Ohrringe jedoch allmählich in den Hintergrund.

In unseren Breiten hat sich die Situation so entwickelt, dass die Männer den Frauen für lange Zeit in Bezug auf den Ohrschmuck das

Feld überlassen hatten. Später hat sich dann der Brauch eingestellt, in Zusammenhang mit manchen beruflichen Tätigkeiten oder in bestimmten Gegenden Ohrringe zu tragen, vorzugsweise als Einzelstücke, kaum als Paare.

In vergangenen Zeiten war der Männerohrring teilweise an bestimmte Berufsstände, aber wohl auch an eine herausgehobene soziale Stellung gebunden. Bei der beruflichen Anbindung denken wir zum Beispiel an Seeleute, an Zimmerleute oder an Schäfer. Hier haben Traditionen eine Rolle gespielt, die sich im Wandel der Zeiten nicht mehr im gleichen Maße fortgesetzt haben oder in der Gegenwart nicht mehr erhalten geblieben sind.

Unter Königen, hohen Militärs und Kunstschaffenden des ausgehenden Mittelalters und der anbrechenden Neuzeit sind etliche gewesen, die Ohrringe getragen haben. Möglicherweise wurde der Ohrring in den meisten Fällen nur als Einzelohrring getragen.

*Auf Gemälden des ausgehenden Mittelalters und der Neuzeit findet man bekannte Persönlichkeiten mit Ohrringen. Dazu gehören zum Beispiel die Könige Heinrich III. von Frankreich (geb.1551), Karl I. von England (*1600), Maximilian I. Joseph von Bayern (*1573), der französische Marschall Moritz Graf von Sachsen (*1696), Napoleons General und zeitweiliger König von Neapel Joachim Murat (*1767), die Dichter William Shakespeare (*1564) und Franz Grillparzer (*1791), der Maler Rembrandt (*1606) und der Komponist Robert Schumann (*1810).*

Nichts spricht dagegen, dass Männer Ohrringe tragen können, außer ihre asketische Verhaltensweise. In der Gegenwart ist das Erscheinungsbild des Mannes, der einen Ohrring trägt, recht geläufig geworden. Er trägt diesen Schmuck in der Regel zurückhaltend und beschränkt sich, sofern er das für sich überhaupt für angemessen hält, auf kleinere Schmuckstücke. So bleibt den Frauen nach wie vor der Freiraum, der ihnen gerechterweise zustehen soll, um Ohrringe in allen Formen und Größen als Attribut ihrer Fraulichkeit exklusiv zu tragen. Ohrringe passen nach heutigem Empfinden nicht zu jedem Mann, obwohl sie manchen gut kleiden. Doch es liegt nicht im Wesen des Mannes, mit Ohrringen den Frauen nachzueifern oder gar es ihnen gleichzutun.

Die Ohrringe tragenden Seefahrer, Hirten und Zimmerleute früherer Zeiten muss man wohl als besondere Berufsgruppen ansehen, denen man dafür Respekt bezeugt, dass sie lange Zeit und zum Teil bis in die Gegenwart eine Tradition gepflegt haben, die man in anderen Berufen nicht kennt. Für solche Traditionen hat man immer wieder nach Erklärungen gesucht. Keine dieser Erklärungen konnte bisher überzeugen.

Stattdessen wird heute altes Brauchtum von neuen Entwicklungen überlagert, die einen besonderen sozialen Hintergrund haben. Der Ohrring für Männer stirbt offensichtlich nicht aus. Es zeichnet sich bei ihnen heute eine Hinwendung zum Ohrring ab, von der man noch nicht weiß, ob sie sich im Sande verlaufen oder in der Zukunft zu einer größeren Blüte führen wird

Appenzeller Ohrschuefen

Eine Merkwürdigkeit mit langer Tradition finden wir im Kanton Appenzell in der Ostschweiz. In dieser Gegend hat sich seit dem 18. Jahrhundert der Brauch erhalten, dass Männer im rechten Ohr ein ansehnlich langes goldenes oder silbernes Ohrgehänge tragen, besonders zu feierlichen Anlässen oder zu Auftritten auf Veranstaltungen. Dieses so genannte „Ohrschuefen" wird, mit etwas Fantasie betrachtet, als die verkleinerte Nachbildung eines zum Absahnen der Milch gebrauchten Löffels interpretiert. Man bringt dieses Symbol mit der Sennerei in

Zusammenhang, die vor Zeiten in dieser Gegend das Haupttätig-
keitsfeld der einheimischen Bevölkerung war. Das ist eine regionale
Besonderheit, für die es nirgendwo anders eine Entsprechung gibt.

*

Abschließend kann man nach aller bisherigen Erkenntnis sagen: wenn
Männer Ohrringe tragen, so geschieht dies mit einer etwas anderen
Motivation als bei den Frauen. Was Frauen als Zierde und als traditionell schmückendes Beiwerk empfinden, hat bei Männern eher eine
reine Symbolkraft. Worin dieses Symbol aber im Einzelfall besteht,
ist zugegebenermaßen nicht ganz zu durchschauen. Ein Statussymbol,
also ein Zeichen der Stellung in der Gemeinschaft sind die Ohrringe
bei Männern heute jedenfalls nicht mehr. Ist es ein neu erwachender
Hang zur Zierde? Ist es nur das Bedürfnis, sich von anderen Ge-
schlechtsgenossen abzuheben? Man weiß es noch nicht genau.

Der Ohrring für Männer hat sich als alltägliche Erscheinung nicht oder
zumindest noch nicht wieder durchgesetzt. Doch was im Altertum vielleicht einer Oberschicht vorbehalten war und in späterer Zeit nur sporadisch auftrat, das scheint sich heute besonders bei jüngeren Männern
neu zu beleben, wenn auch zunächst in einem bescheideneren Rahmen
als bei den Frauen und in bedächtigen Schritten und Formen.

Im öffentlichen Leben, besonders in konservativen Kreisen, wird der
Ohrring für Männer oft gar nicht gern gesehen. Damit mussten sich
sogar schon Gerichte befassen.

7

Zur Geschichte des Ohrrings

Ohrschmuck gibt es seit Menschengedenken. Wenn man seine Geschichte zurückverfolgt, so führt der Weg weit in das Dunkel der Vergangenheit, wo er sich dann verliert. Der Ursprung des bei uns gebräuchlichen Ohrrings liegt nicht in Europa, sondern er wird im Orient vermutet. Von hier aus hat er sich in alle Himmelsrichtungen verbreitet. Bereits in der jüngeren Steinzeit schmückten Frauen und Männer ihre Ohren.

Noch vor wenigen Jahren konzentrierten sich die ältesten Funde von Ohrringen oder von Felszeichnungen, auf denen Menschen mit Ohrringen abgebildet sind, auf den Nahen Osten. Diese Funde stammen aus dem dritten Jahrtausend vor unserer Zeit. Inzwischen wurde vom Fund mehrerer Ohrringe in Mittelasien berichtet, die noch weit älter sein sollen. An all diesen Funden kann man erkennen, dass der Ohrring schon im Altertum, ja in vorgeschichtlicher Zeit bekannt war. Der Ohrring gehört zu den ältesten Kulturgütern der Menschen.

Doch wie konnte Ohrschmuck zu einer Zeit hergestellt werden, als die Menschen noch keine Metalle verwendeten und keine Metallbearbeitung kannten? Freilich kamen gegen Ende der Steinzeit erstmals geschürfte Metalle in die Hand der Menschen. Ihre Bearbeitung lieferte zunächst nur grobe Endprodukte. An das Ziehen von Draht, wie er heute für die Herstellung von Ohrringbefestigungen verwendet wird, war anfangs noch gar nicht zu denken. Man arbeitete mit einfachen Werkzeugen und mit Rohmaterialien, die vorwiegend mineralischer, pflanzlicher und tierischer Herkunft waren.

Wie der Ohrring entstand

Wir können uns heute mit etwas Fantasie gut vorstellen, wie der
Mensch zum ersten Mal Ohrschmuck herstellte. Ein Szenario könnte
etwa wie folgt lauten.

Das Durchstechen des Ohrläppchens dürfte schon in frühester Zeit
keine Probleme bereitet haben, denn Holzsplitter, Knochensplitter und
Dornen standen den Menschen als Werkzeuge von Anfang an zur Verfügung. Wie immer im Leben wird auch der Zufall eine Rolle gespielt
haben. Freilich reichte ein feiner Durchstich des Ohrläppchens damals
nicht aus, um darin auch nur ein kleines Schmuckstück dauerhaft zu
befestigen. Die Ohrlöcher werden anfangs wohl etwas größer gewesen sein als in späterer Zeit. Es ist auch denkbar, dass man das erste
Stechwerkzeug gleichzeitig als Schmuckstück benutzt hat. Wir wissen
es nicht, allein die Vermutung liegt nahe. Wir wissen aber, dass dies
die künstlerisch Begabten unter den Menschen der vorgeschichtlichen
Zeit nicht hat ruhen lassen.

Recht dünne Pflöcke und sehr kleine einknöpfbare Scheiben mit Rillen
in den Rändern werden das Ergebnis erster kunsthandwerklicher Arbeit
gewesen sein. So kann es gekommen sein, dass ein für die damalige
Zeit attraktiver Ohrschmuck in das Ohrläppchen eingeschoben oder
eingeknöpft wurde. Das wäre eine denkbare Version der Entstehung des
Ohrrings, was allerdings noch weit weg von Europa geschah.

Eine andere Version ist die, dass man erst mit dem Aufkommen von
Metall, besonders von Edelmetall, auf den Gedanken gekommen ist,
daraus auch Ohrschmuck anzufertigen. Auch das ist eine Vermutung,
die allerdings nur auf Europa bezogen sein kann. Anschauungsma-
terial aus dieser Periode, das die eine Vermutung bestätigen oder die
andere ausschließen könnte, gibt es genauso wenig wie einen Beweis
dafür, dass es ganz anders war.

Eins steht jedenfalls fest: erst als die Menschen größere Fertigkeiten in der Metallbearbeitung erworben hatten, gelangten sie zuerst mit gröberen, dann mit feiner werdenden Befestigungen zu solchen Formen des Ohrschmucks, die man nach heutiger Vorstellung als Ohrringe bezeichnen konnte. Erst zu dieser Zeit scheint der Ohrring auch nach Europa gelangt zu sein.

Homer
Älteste literarische Zeugnisse, die auf uns gekommen sind, hat uns der griechische Dichter Homer hinterlassen. Er lebte vor mehr als zweieinhalbtausend Jahren. Da ist es nicht verwunderlich, dass in seinen Werken auch die alten Göttinnen und Götter noch eine besondere Rolle spielten. Homer hat in seiner *„Ilias"* die Gehänge beschrieben, die die Göttin Hera nach seiner Vorstellung in den durchstochenen Ohren trug. Das waren wohl besonders attraktive Ohrringe (Homer: Ilias, XIV, 182-183). Hera galt übrigens bei den alten Griechen als die Göttin, die unter anderem für die Ehe zuständig war.

Der Ohrring im Alten Testament
Ebenfalls in diese Zeit und in die darauf folgenden Jahrhunderte sind die ersten Schriftstücke des Alten Testaments zu datieren. Im Buch *Genesis* (35, 4) und im Buch *Exodus* (32, 2-3) werden Ohrringe erwähnt, die zu jener Zeit üblicherweise von Frauen, aber häufig auch von Männern getragen wurden. Der Prophet Jesaja, der etwa 700 Jahre v. Chr. in Jerusalem lebte, hat in seinem Buch unter anderem den Schmuck genannt, den die Frauen zu seiner Zeit trugen und zu denen auch die Ohrringe gehörten. (Jesaja, 3, 16ff.).

Die Ausbreitung des Ohrschmucks im südlichen Europa

Der Ohrring hat sich im Laufe der Zeit entlang der Mittelmeerküste nach Europa ausgebreitet. Bei den Griechen und Römern des Altertums wurde er zum Schmuck, den allein die Frauen trugen. Seine Ausbreitung vollzog sich entlang den Küsten Kleinasiens bis in den südlichen Balkan, zum Schwarzen Meer und schließlich entlang der ganzen Mittelmeerküste. Hier verliefen damals die Hauptverkehrswege. Die Griechen siedelten entlang der europäischen Küste des Mittelmeeres und auch am Schwarzen Meer bis über die Halbinsel Krim hinaus. Sie waren bereits lange vor der Zeitenwende bekannt für den gediegenen Ohrschmuck, den ihre Kunsthandwerker herstellten. Einmalig sind die Skulpturen der griechischen Antike, die wir heute in manchen Museen betrachten können. Wie beliebt der Ohrschmuck schon damals am Rand des Mittelmeeres war, können wir an einer erstaunlichen Tatsache erkennen. Die Bildhauer haben es in vielen Fällen nicht versäumt, den von ihnen in Stein modellierten weiblichen Figuren Ohrlöcher einzuarbeiten, damit sie genau so aussehen, wie ihre Vorbilder gelebt haben. Es ist kaum zu bezweifeln, dass diese Skulpturen ursprünglich auch mit Ohrringen versehen wurden.

Die Ohrringe, die seinerzeit getragen wurden, wiesen neben den üblichen Drahtbügeln teilweise Formen der Befestigung auf, die heute nicht mehr üblich sind. Es gab zum Beispiel Ohrringe mit mehrfacher Windung, also in der Form von Spiralen. Es wurden aber auch einfache Ohrringe getragen, bei denen das in das Ohr eingeschobene Ringende anschließend in das andere Ende des Ohrrings eingehakt wurde. Und es gab Ohrgehänge, die beidseitig in das Ohrloch eingehakt wurden. Immer stand der Ring oder der ringähnliche Haken am Anfang, bevor man sie später mit Anhängseln zu versehen begann. Weit verbreitet waren damals die Ohrhaken, die ja den nach unten offenen Ringen entsprechen.

Der griechische klassische Ohrschmuck wurde auch von den Etruskern übernommen. Die Etrusker waren ein in Oberitalien siedelnder Volksstamm, über dessen Herkunft heute noch gerätselt wird. Sie könnten auf dem Seeweg aus dem östlichen Mittelmeerraum nach Italien gekommen sein, was schon der griechische Geschichtsschreiber Herodot vermutete. So wäre die große Kunstfertigkeit ihrer Goldschmiede wohl leichter zu erklären als wenn man sie der Urbevölkerung Italiens zuordnete. Denn die aus dem Orient kommenden Menschen besaßen damals bereits langjährige Erfahrungen in der Schmuckherstellung. Die Etrusker brachten neue Ideen auch in die Gestaltung der Ohrringe ein, indem sie zum Beispiel den bis dahin üblichen Ring nach unten körbchenförmig verbreiterten und auf diese Weise Raum für die Anbringung von Ziselierungen und anderen Verzierungen gewannen. Doch bis zur Zeitenwende war der etruskische Einfluss auf die Goldschmiedekunst der Römer genau wie das ganze Volk der Etrusker wieder verschwunden. Ihre Leistungen auf dem Gebiet der Schmuckherstellung, gerade bei den Ohrringen, wirkten nachhaltig weiter.

Durch den griechischen und etruskischen Einfluss hatte der Ohrschmuck bei den Römern, die ihn in einfacheren Formen, aber mit Perlen und Edelsteinen besetzt bevorzugten, und im ganzen westlichen Mittelmeerraum Fuß gefasst. Von da an war es nur noch eine Frage der Zeit, dass sich der Ohrring langsam über ganz Europa verbreitete.

Die ägyptische Königin Cleopatra (69-30 v. Chr.) verstand es, den römischen Feldherrn Marcus Antonius mit ihren tropfenförmigen Perlenohrringen regelrecht zu bezirzen, berichtete der römische Schriftsteller Plinius der Ältere. Das war übrigens der gleiche Plinius, der später beim Ausbruch des Vesuvs vor Pompeji ums Leben kam.

Ohrringe im europäischen Mittelalter

Auf Reliefs, Münzen, Statuen usw. finden wir Darstellungen aus dem Mittelalter, die uns über die Gewohnheiten und den Geschmack der Trägerinnen von Ohrringen Auskunft geben. Das waren Frauen aus den gehobenen sozialen Schichten der Bevölkerung, denn niemand sonst hätte der Nachwelt das Aussehen von Ohrschmuck in Stein gemeißelt oder in Metall geprägt hinterlassen können.

Im Mittelalter war der Ohrring bei der Bevölkerung Mitteleuropas weit weniger verbreitet als im Mittelmeerraum. Seine Verbreitung nach Norden hin war eben bei weitem noch nicht abgeschlossen. Es wird aber auch immer wieder darauf hingewiesen, dass Haartracht, Kopfbedeckungen und Kragen über einen Zeitraum von mehr als fünf Jahrhunderten die Ohren der Frauen vorwiegend bedeckten. Dadurch sei der Anreiz, Ohrringe zu tragen und in der Öffentlichkeit zu zeigen, eingeschränkt gewesen. Diese Annahme hat eine gewisse Berechtigung. Über einen derart langen Zeitraum kann man sie gleichwohl nur mit Vorbehalt gelten lassen.

Tatsache ist, dass mit der fortschreitenden Christianisierung der Bevölkerung die Grabbeigaben für die Toten aufhörten, die früher zum Totenkult gehört hatten. Dadurch lassen sich heute Auskünfte über die Verbreitung des Ohrrings zwischen dem 11. und 15. Jahrhundert sehr viel seltener erhalten als über die Zeit davor. Für die nachfolgende Zeit gibt es dann in zunehmendem Maße Gemälde bekannter Maler, die den Eindruck einer Wiederbelebung des Tragens von Ohrringen vermitteln.

Aus dem späten Mittelalter sind uns hauptsächlich Darstellungen von Frauen mit Ohrschmuck aus den oberen Bevölkerungsschichten erhalten geblieben, nicht aus der Masse der weiblichen Bevölkerung in Stadt und Land. Wenn diese Frauen in den Besitz von Ohrringen gelangten, so handelte es sich in der Regel um recht einfache Stücke, die der Nachwelt nicht erhalten geblieben sind. Wenn in dieser Hinsicht auch genügend Raum für bloße Vermutungen bleibt, so findet man dennoch hin und wieder Hinweise auf den Grad der Verbreitung von Ohrringen bei breiten Bevölkerungsschichten. Ein Beispiel sei hier genannt.

Wie weit verbreitet Ohrringe bei der Bevölkerung in Osteuropa vor vierhundert Jahren gewesen sind, hat uns der deutsche Forschungsreisende Adam Olearius in der Beschreibung seiner „Muskowitischen und Persischen Reise" beiläufig wissen lassen. So berichtete er unter anderem von kleinen Mädchen in Russland, die große Ringe aus Silber oder Messing in den Ohren tragen, um sie von den Jungen zu unterscheiden (Adam Olearius: Moskowitische und Persische Reise. Berlin 1959, S. 95).

Seit dem ausgehenden Mittelalter haben berühmte Maler viele bedeutende Werke geschaffen, auf denen der Glanz der damaligen Zeit sichtbar wird. So hat uns der niederländische Maler Johannes Vermeer, der 1632-1675 lebte, also seine Schaffensperiode gleich nach dem Dreißigjährigen Krieg hatte, das Gemälde „Das Mädchen mit dem Perlenohrring" hinterlassen. Vermeer war nicht der Einzige, der dem Ohrring als Maler den ihm gebührenden Platz gesichert hat. Auch Tizian, Rubens, van Dyck und Rembrandt haben dem Ohrring auf ihren Gemälden Denkmäler gesetzt.

Die fiktive Geschichte der Entstehung des Gemäldes „Das Mädchen mit dem Perlenohrring" wurde im Jahre 2005 unter diesem Titel verfilmt.

In den folgenden Jahrhunderten trugen Frauen der oberen Bevölkerungsschichten häufig repräsentativen Ohrschmuck. Bei den Frauen der niederen Stände trat er jedoch meist nur in recht unscheinbaren

Formen auf. Hier wurde aber auch neben dem Schmuckbedürfnis der Einfluss der Volksmedizin erkennbar, die in breiten Schichten der Bevölkerung verwurzelt war. Sie schrieb nämlich den Ohrringen eine die Gesundheit fördernde Wirkung bei Augenleiden zu. Und darauf wollten viele Frauen für sich und ihre Töchter verständlicherweise nicht verzichten.

Die zu ihrer Zeit bekanntesten europäischen Monarchinnen waren Maria Theresia von Österreich (1638-1683), Katharina II, die Große, von Russland (1729-1796) und Victoria von England (1819-1901). Zu ihrem alltäglichen Erscheinungsbild gehörten wie selbstverständlich größere Ohrringe.

Girandolen und Pendeloques

Bei den oft kunstvoll gestalteten Kleidern und Frisuren wohlhabender Frauen gehörten größere Ohrgehänge einfach zur Kleidung. Das waren im 17. und 18. Jahrhundert insbesondere die aus Frankreich stammenden großen Ohrgehänge, die unter den Bezeichnungen Girandolen und Pendeloques bekannt geworden sind.

Die in der Mitte des 17. Jahrhunderts aufkommenden Girandolen waren ein ganzes Jahrhundert lang in diesen Gesellschaftskreisen der beliebteste Ohrschmuck der Frauen. Es handelte sich hierbei um ein recht breit gestaltetes Ohrgehänge, das aus drei zusammenhängenden Teilen bestand, nämlich aus der Befestigung im Ohr, einer darunter anschließenden waagerechten Schleife und einem den unteren Abschluss bildenden Anhänger in Tropfenform.

Die zweite bekanntere Ohrringart waren im 18. Jahrhundert die ebenfalls aus Frankreich kommenden Pendeloques. Sie legten die Betonung nicht so sehr auf die Breite als vielmehr auf die Länge des Gehänges.

Beide Ohrringformen gab es in vielen Abwandlungen und mit zahlreichen edlen Steinen besetzt. Sie wurden im Laufe der Zeit immer schwerer und ließen dadurch im Tragekomfort immer mehr zu wünschen übrig. Wenn man heutzutage davon ausgeht, dass Ohrringe, die über längere Zeit bequem getragen werden können, im Paar weniger als zehn Gramm, aber keinesfalls mehr als zwanzig Gramm wiegen sollen, so waren Gehänge jener Zeit mit einem weit größeren Gewicht zu schwer, um ihren Trägerinnen Freude zu bereiten. Diese Ohrringe verloren zwangsläufig nach und nach ihren Reiz und verschwanden schließlich fast ganz.

Ohrringe in neuerer Zeit
Über die weite Verbreitung von Ohrschmuck seit dem vorletzten, also dem 19. Jahrhundert gibt es reichliche Belege sowohl in Form von Originalstücken als auch in Abbildungen und Beschreibungen. An dem hier sichtbar werdenden Wandel in der Verbreitung von Ohrschmuck hatte die Französische Revolution einen maßgeblichen Anteil. Sie hinterließ durch die in ihrem Gefolge eintretenden sozialen Veränderungen beträchtliche Spuren bei dem von den Frauen getragenen Schmuck und somit auch bei ihren Ohrringen.

In dieser Zeit bildeten sich mancherorts auch regional gebundene Trachten heraus. Zu ihnen gehörten und gehören zum Teil heute noch die Bevorzugung und das Tragen bestimmter Formen von Ohrringen, die auf die jeweilige Tracht abgestimmt sind. Das begann schon zu einer Zeit, als es noch keine industrielle Schmuckherstellung gab, und hat sich bis heute fortgesetzt.

Im 19. Jahrhundert wurden Ohrringe anfangs noch vorwiegend handwerklich gefertigt. Dabei spielten die kleinen Ringe, die tropfenförmigen Hänger, die knopfförmigen Ohrringe und die aufkommenden

Ohrschrauben eine vorrangige Rolle. In diesen Jahrzehnten hat es immer wieder einen Wechsel in der Beliebtheit der verschiedenen Ohrringformen und damit auch in der Häufigkeit ihrer Benutzung gegeben. In der gehobenen Gesellschaft überwogen immer noch eher die größeren Ohrgehänge, insbesondere zu gesellschaftlichen Anlässen. Größere Kreolen traten hier weniger in Erscheinung. Mit dem 20. Jahrhundert setzten sich auch Ohrstecker durch, wodurch die Ohrschrauben ihre Bedeutung verloren.

Schraubbare Klemmen, die ohne Ohrlöcher auskommen, konnten sich auf die lange Sicht überhaupt nicht durchsetzen. Stattdessen wurde das 20. Jahrhundert ab den dreißiger Jahren für mehrere Jahrzehnte zur Domäne der Ohrklipps. Sie ermöglichen die Anbringung von großformatigem und auch schwererem Ohrschmuck ohne Ohrlöcher. Doch sind die Ohrklipps weitgehend ein Modeschmuck geblieben, weil sie nicht den wünschenswerten Tragekomfort aufweisen, relativ leicht verlierbar sind und deshalb in der Anschaffung auch nicht viel kosten sollen.

Die dreißiger und vierziger Jahre des vorigen Jahrhunderts brachten in Deutschland für die Ohrringe wechselhafte Tage. Da war zunächst die Zeit ihrer offensichtlichen Diskreditierung, obwohl sie in weniger auffälliger Form gerade noch geduldet wurden. In den Jahren des Krieges und unmittelbar nach dem Krieg war dann für das Tragen von Schmuck ohnehin Zurückhaltung geboten.

Nach dem Krieg galten für manche Leute nicht nur Ohrringe, sondern selbst die Ohrlöcher als eine veraltete, überflüssige und also kritikwürdige Erscheinung. Diese Meinung wandelte sich allmählich wieder, obwohl sie bei Frauen, die keine Ohrlöcher besaßen, für längere Zeit nachwirkte. Der Ohrring überstand diese Krise, um sich in der zweiten Hälfte des 20. Jahrhunderts in allen Schichten der Bevölkerung bei den Töchtern und erst recht bei den Enkelinnen in einem vordem noch nicht gekannten Ausmaß und in vielfältigen Formen durchzusetzen.

Seit den siebziger und achtziger Jahren hat der Ohrring in all seinen klassischen Formen weite Verbreitung erfahren. Die meisten Frauen, die Ohrringe tragen, besitzen etliche Paare, die viele auch abwechselnd tragen. In der Gegenwart zeichnen sich die im Alltag getragenen Ohrringe durch eine große Vielfalt aus. Darüber hinaus versorgt die unglaublich schnell gewordene Kommunikation mit anderen Regionen unserer Welt die Fantasie der Ohrringgestaltung jeden Tag mit immer neuen Ideen.

Der Ohrring in der Welt von morgen

Ohrringe hat es immer gegeben. Schon deshalb gibt es keinen Grund, ihre Zukunft in Frage zu stellen. Ohrringe sind unvergänglich. Darüber sind sich ihre Befürworter und Kritiker ziemlich einig.

Veränderungen im Grad der Beliebtheit der Ohrringe gehören zum Alltag. Vielleicht wird einmal nur ein Viertel aller Frauen Ohrringe tragen, vielleicht werden es aber auch drei Viertel sein.

Entwicklungen und Veränderungen sind natürlich nicht nur bei der Gestaltung der Ohrringe zu erwarten, sondern auch in den Tragegewohnheiten und in den Erwartungen an ihre Ausstrahlung. Dabei können auch die kleineren Formen weiter an Bedeutung gewinnen.

 Obwohl Doppelohrringe heute keine Seltenheit mehr sind, ist es noch zu früh zu sagen, ob sie einmal eine größere Verbreitung erfahren werden. Die Vermutung liegt nahe.

Die Zukunft des Männerohrrings bleibt einstweilen in den Sternen geschrieben. Obwohl er wohl nie den Rang erreichen wird, den der Ohrring der Frau hat, ist seine Beliebtheit deutlich im Zunehmen begriffen. Was er aussagen könnte, ist noch nicht ganz klar. Es ist aber auch noch nicht absehbar, wie lange sich die Tendenz seiner zunehmenden Beliebtheit noch fortsetzen wird, bevor ein Rückfall in die Bedeutungslosigkeit eintreten kann. Derartige Rückschläge hat es ja bekanntlich auch früher schon gegeben. Das Attribut der Zierde dürfte dabei wohl eine untergeordnete Rolle spielen. Oder doch nicht?

*

Die Geschichte des Ohrrings ist in stärkerem Maße, als es auf den ersten Blick den Anschein haben mag, auch mit der Entwicklung der sozialen Verhältnisse verbunden. In früheren Zeiten konnte man dies deutlich daran erkennen, wer die Personen waren, denen wir unser Wissen über die Verbreitung des Ohrrings verdanken. Es waren vorwiegend Personen aus den gehobenen Schichten der Bevölkerung, die uns meist als Trägerinnen und Träger von Ohrringen bekannt geworden sind. Von den einfachen Leuten, besonders auf dem Lande, sind uns aus der Vergangenheit hingegen weit weniger Beispiele überliefert, die ihre Vertrautheit mit dem Ohrring bezeugen.

Das hat sich in den letzten Generationen zum Glück beträchtlich geändert. Attraktive Ohrringe sind heute auch für den kleineren Geldbeutel erschwinglich. An den Ohrringen sind die Armen nicht von den Reichen zu unterscheiden.

8

Ohrringe in anderen Kulturen

Was wir über die Herkunft der Ohrringe aus dem Nahen Osten und ihre Verbreitung über ganz Europa geschildert haben, ist tatsächlich nur die Hälfte der wahren Geschichte. Tatsache ist, dass sich dieser Schmuck aus dem Niltal und aus Mesopotamien nicht nur über den Mittelmeerraum nach Europa, sondern in alle Himmelsrichtungen verbreitet hat. Im Dunkel grauer Vorzeit bleibt allerdings verborgen, ob die in letzter Zeit gemachten Funde von Ohrschmuck aus Stein in Mittelasien und die ältesten Funde im Nahen Osten auf den gleichen Ursprungsort zurückgehen. Hier bewegen wir uns aber bereits in der vorgeschichtlichen Zeit, die ihre Geheimnisse nicht so ohne weiteres preisgibt.

Wir haben bei unserer Betrachtung in erster Linie den europäischen Raum vor Augen gehabt, auch mal über die Grenzen des Kontinents hinaus geschaut, wo die Gepflogenheiten des Tragens von Ohrringen ähnlich sind wie bei uns oder von wo aus die Ohrringe auf uns Europäer gekommen sind. Es war sozusagen der Blick auf die Alte Welt.

Doch Ohrringe werden überall auf der Welt getragen, nicht nur bei uns und am Mittelmeer. Wir müssen also feststellen, dass unser Blickfeld eigentlich zu eng ist, denn Europa ist nur eine von vielen Weltregionen, in denen Ohrschmuck seit alters her bekannt ist und getragen wird.

Wenn wir die Erdteile außerhalb Europas betrachten, so erkennen wir nicht nur gleiche oder ähnliche Gewohnheiten beim Tragen von Ohrschmuck, sondern auch merkliche Unterschiede zu der bei uns geläufigen Praxis. Diese Unterschiede waren allerdings in der Vergangenheit größer als heute. Gewiss finden wir die in Europa bevorzugten modernen Ohrringformen und Tragegewohnheiten bei den Frauen (und auch bei den Männern) in der ganzen Welt. Die historisch gewachsenen regionalen Unterschiede, sofern sie in den letzten beiden Jahrhunderten noch deutlich zu erkennen waren, haben hingegen immer mehr an Bedeutung verloren.

Auf dem amerikanischen Kontinent und in anderen durch Zuwanderung aus Europa stärker beeinflussten Regionen der Welt ist es nicht verwunderlich, dass wir die meisten Ohrringe in der gleichen oder in einer ähnlichen Aufmachung vorfinden wie bei uns hier in Europa. In Lateinamerika, dem alten Land der Azteken, Maya, Inka und der Indianer schlechthin, das seit Jahrhunderten vielen Europäern und Afrikanern zur Heimat geworden ist, scheinen Ohrringe häufiger, mitunter farbenfreudiger und auch in größeren Formen aufzutreten als bei uns. Dennoch bestehen auch hier regional größere Unterschiede.

Freilich gibt es die Orejones des Alten Amerika nicht mehr, die einst Träger der amerikanischen Hochkulturen waren. Die spanischen Eroberer hatten ihnen vor Jahrhunderten in ihrer Sprache diesen Namen gegeben, der etwa mit Langohren übersetzt werden kann. In ihrem Kulturkreis war es nämlich über viele Jahrhunderte üblich gewesen, dass beide Geschlechter, Frauen wie Männer, Ohrschmuck trugen. Zu diesem Zweck waren die Ohrlöcher erheblich geweitet und mit kostbaren Pflöcken, Scheiben und zylindrischen Schmuckstücken versehen. Die in die geweiteten Ohrlöcher eingesetzten Ohrscheiben waren teilweise so groß, dass darin wiederum ein zentrisches Loch eingearbeitet werden konnte. Dieser heute vergessene Brauch war ein Privileg der herrschenden Schichten der alteingesessenen Bevölkerung, die sich einen solchen Luxus leisten konnten bzw. ihrem sozialen Stande gemäß leisten durften.

Ein anderes Beispiel mag die Osterinsel im südlichen Pazifik sein. Hier hat es seit der Besiedelung in den ersten Jahrhunderten n. Chr. ebenfalls den Brauch gegeben, in geweiteten Ohrlöchern Pflöcke zu tragen. Von diesem Brauch, der annähernd tausend Jahre Bestand hatte, zeugen heute noch die mit langen Ohren versehenen großen Steinfiguren, die von den damaligen Bewohnern der Insel gefertigt und aufgestellt worden sind.

Wir sehen: je weiter wir uns aus unserem eigenen Kulturkreis entfernen und je weiter wir in die Vergangenheit zurückgehen, desto deutlicher treten die Unterschiede in den Gewohnheiten hervor, die es einst in den verschiedenen Gegenden beim Tragen von Ohrschmuck gegeben hat.

Nun sollte man sich nicht von der Annahme leiten lassen, dass die Gewohnheiten des Tragens von Ohrringen bei uns schon immer attraktiver gewesen seien als anderswo auf der Welt. Andere Länder haben andere Sitten! Man sollte diese anderen Sitten und Bräuche respektieren, ohne sie gleich nachahmen zu wollen oder sie andererseits zu kritisieren.

Eine große Leidenschaft für edlen Ohrschmuck wie überhaupt für Schmuck findet man bis heute im südlichen Asien. In Indien bilden Ohrschmuck und Nasenschmuck traditionell eine harmonische Einheit. Der Import von Gold für die Herstellung von Schmuck kostet Indien in jedem Jahr große Summen an Devisen. Dafür wird man Frauen ohne Ohrringe in Indien wie auch in den benachbarten Ländern wohl recht selten antreffen.

In alten Zeiten war auch bei den Männern in Indien das Tragen von Ohrschmuck weit verbreitet. So ist es nicht erstaunlich, dass bis heute auf allen Statuen des Buddha die Ohren sehr lang gezogen dargestellt sind. Das wird als ein Zeichen des einstigen Wohlstands dieses Religionsstifters verstanden und heute eher als ein Zeichen seiner Weisheit gedeutet.

In Afrika wie auch im gesamten arabischen Raum zeigen die Frauen große Sympathie für Ohrschmuck. Etwas zurückhaltender war man in der Vergangenheit nur in wenigen Regionen der Welt, wo der Ohrring zwar nicht unbekannt war, aber erst in jüngerer Zeit eine bemerkenswerte Verbreitung erfährt.

Eine Besonderheit des Schmückens der Ohren finden wir heute noch in einigen Gegenden Afrikas und Ostasiens. Abgesehen davon, dass hier häufig größere und somit auch schwerere Ohrringe getragen werden, hat es hier seit alters her den Brauch gegeben, die Ohrläppchen mit Ohrlöchern zu versehen, die vorsätzlich geweitet werden, um sie mit ganz anderen als den bei uns üblichen Schmuckelementen zu verzieren. Dazu gehören auch Ohrscheiben, Ohrpflöcke und bunt bestickte breite Lederbänder, die in die vergrößerten Ohrlöcher eingesetzt werden. Die Volksgruppe der Massai in Ostafrika ist hierfür besonders bekannt.

Auch in einigen ostasiatischen Regionen, zum Beispiel bei einigen Bergvölkern Südostasiens, auf der Insel Kalimantan und im Südpazifik gibt es stellenweise noch den Brauch, dass Ohrschmuck in erweiterten Ohrlöchern getragen wird. Der bekannte deutsche Dichter Adelbert von Chamisso schilderte seine Eindrücke, die er auf einer Reise in den Südpazifik 1815-1818 gewann. Dabei erwähnt er auch den ungewöhnlichen, doch ihm angenehmen Anblick des Ohrschmucks in den geweiteten Ohrläppchen von Frauen auf einigen Südseeinseln (Adelbert v. Chamisso: Abschied von den Radackern, in: „Reise um die Welt", Berlin 1975). Nun, das ist inzwischen zweihundert Jahre her.

Freilich ist dieser Brauch, wo es ihn gegeben hat, heute weitgehend Vergangenheit. Wo er noch in Andeutungen besteht, kommt es schon mal vor, dass in den ursprünglich gedehnten Ohrläppchen nur noch einfachere kleine Ohrringe getragen werden, eine Konzession gewissermaßen an den Übergang in die moderne Zeit.

Die aus ästhetischen Gründen gewollte Deformation der Ohrläppchen sollte man als eine ungewöhnliche und für unser Schönheitsempfinden unübliche Praxis gelten lassen. Sie hat sich allerdings nicht über größere Räume ausgebreitet und ist auch unter dem Einfluss der von außen eindringenden weltweiten Schmuckideen und modernen Schönheitsideale im Schwinden begriffen.

Literatur

- *Aufs Ohr geschaut. Ohrringe aus Stadt und Land vom Klassizismus bis zur neuen Jugendkultur. Berlin 1989/1990*

- *Anne von Cutsem: Welt der Ohrringe. Milano 2001*

- *Karl Hadaczek: Der Ohrschmuck der Griechen und Etrusker. Wien 1903*

- *Daniela Mascetti, Amanda Triossi: Der Ohrring. Frankfurt am Main/Berlin 1991*

- *Ferdinand Anton: Die Frau im alten Amerika. Leipzig 1973*

* * *

- *Brockhaus Enzyklopädie*

- *Encyclopaedia Britannica*

* * *

Weitere Quellen sind im Text angezeigt. Vignetten vom Autor.